그 사랑을 가득 담아

_____ 님께

그 사랑에 담다

박희정 지음

그 사랑에 담다

father's love, I will sing for praise

father's grace, I will sing for worship

박희정 지음

추천사

• **민호기 목사** (찬미워십 대표, 대신대학교 교수, '십자가의 전달자, 하늘소망' 작사 작곡자)

　노래를 짓는다는 행위는 그가 걸어온 길의 궤적과 현재 서 있는 지점의 좌표를 가늠케 한다. 모름지기 노래란 삶의 가장자리를 휘돌아 감고 끝내 그 중심부를 관통해 내는 것이어야 한다. '노래'로 썼으되 '글'로 치환해도, '설교'로 치환해도 그 뜻이 달라지지 않는다. 내가 만난 박희정 목사는 노래와 글과 설교와 삶이 한 방향을 향하는 이다. 그래서 그의 노래와 삶이 하나님과 많은 예배자에게 사랑받고 있나 보다. 이 책은 우리 시대의 고전이 된 '그 사랑'이라는 위대한 찬송 곡에 대한 주해와 같다. 그 깊고 넓은 사랑의 세계를 만나는 안내서가 되어 주리라 확신한다.

• **심삼종 교수** (CCM Artist, 웨신대 미래교육 박사과정, 전 한양대 겸임교수)

　지난 35년 동안 변함없는 믿음의 동역자요, 영적 멘토인 친구 박희정 목사의 '그 사랑에 담다' 출간을 진심으로 축하합니다. 추천사를 쓰기 위해 원고를 받고 단숨에 읽어가며 우리 인생을 빚으시고 사용하시는 하나님의 역사와 경륜에 감격할 수밖에 없었습니다. '그 사랑'이라는 찬양곡은 복음의 진수가 담겨 있을 뿐만 아니라 박희정 목사의 삶을 관통하는 아버지 하나님의 놀라운 사랑과 은혜의 깊이가 경험을 통해 녹아있는 곡입니다. 이 책을 통해 '그 사랑' 찬양 안에 감추어진 값진 보화를 발견하게 될 것입니다.

　고등학교를 입학하며 관악부를 통해 운명과도 같은 친구를 만났습니다. 기숙사를 나와 오갈 곳 없는 나를 교회로 인도했고 반년이 넘는 세월을 함께 동거하며 불우한 가정형편에도 오직 믿음으로 살고자 몸부림치는 그의 모습을 반추해 볼 때, 훗날 "그 사랑" 곡의 탄생을 예견해 볼 수 있었습니다.

• 그 사랑에 담다.

대학 시절 목사님 따님이라며 지금의 제 아내를 소개해 준 탁월한 안목으로 믿음의 가정을 이룰 수 있도록 이끌어 준 친구에게 지금껏 양복 한 벌 선물해 주지 못했지만, 지금은 대학에서 강의하다가도 인천평강교회 바자회라도 열리면 기쁜 마음으로 달려가 떡볶이에 파전 한 장 맛나게 먹으며 색소폰을 연주하는 그런 죽마고우가 되었습니다.

우리네 인생은 상한 갈대와 꺼져가는 등불처럼 피할 수 없는 죽음과 고뇌와 슬픔의 멜랑콜리melancholy로 얼룩져 있습니다. 하지만 친구의 고백처럼 그 우울감과 슬픔의 멜랑콜리는 현존재가 하나님을 찾게 만드는 통로입니다. 박희정 목사의 삶에 얼룩진 멜랑콜리를 오랜 시간 연단과 훈련을 통해 '하나님 나라의 창조적 멜랑콜리커'로 승화할 수 있도록 이끄시는 분은 바로 하나님입니다. 절망할 수밖에 없는 10대 소년 박희정을 찾아가 사랑으로 그의 삶을 이끄시고 '창조적인 영성을 지닌 멜랑콜리커'로 변화시켜 놀라운 영적 통찰력을 지닌 말씀의 목회자로, 예배자로 세우셔서 영광 받으시는 위대한 하나님을 이 책을 통해 만나게 되실 것입니다.

보잘것없는 죄인인 우리를 예수 보혈의 가치로 구속하시고 자녀 삼으셔서 이 시대의 무디와 생키처럼 세계 열방을 누비며 놀라운 예배자와 찬양사역자로 사용하시는 하나님. 놀라운 '그 사랑' 복음의 비밀이 4차 산업혁명 시대와 어둠의 터널 같은 위드 코로나 시대를 살아가는 독자 여러분들의 삶을 성령의 음성을 통해 위로하시고 예수 그리스도의 놀라운 복음의 가치를 '그 사랑에 담아내고', '그 사랑에 닮아가는' 소중한 일독이 되기를 권합니다.

• 김기동 목사 (소중한교회, 고구마전도왕, 남침례신학대학원 D.Min)

고구마글로벌미션에서 2012년 터키 선교사 재충전 수련회를 준비하는 과정에서 트랜스포메이션 찬양팀을 이끌고 있던 박희정 목사님을 처음 만나 동역이 시작되었다. 아프리카, 동남아시아, 중동, 일본, 중남미, 동유럽 등으로 매년 선교사와 자녀를 복음으로 살리는 '선교사 재충전 수련회'에 20명 이상 찬양팀을 이끌고 자비량으로 현지 음향 장비를 임대까지 하면서 이 사역에 참여한다는 것은 보통 복음의 열정과 하나님 나라의 비전과 사랑이 없으면 할 수 없는 일이다. 그러나 이 사역에 지금까지 변함없이 열정적으로 10년을 함께 섬기고 있다.

10년 동안 동역하면서 보아 온 박희정 목사님은 예배의 비전 메이커이다. 그를 경험하면 할수록 얼마나 순수하고 소중한 분인지 모른다. 본인이 받은 주님의 사랑이 얼마나 소중하고 큰지를 너무나 잘 아는 분이다. 그렇기에 하나님 나라를 보는 눈이 남들보다 뛰어나고 복음의 열정과 함께 예배가 무엇인지 아는 분이다.

하나님 사랑에 대한 진정한 고백과 선포, 전 세계 수많은 그리스도인의 입에서 불리고 그들이 신앙고백처럼 부르는 찬양, '그 사랑!' 특별히 이 찬양의 가사를 묵상하면 할수록 복음의 진수가 흘러나온다. 박 목사님 인생 여정의 이야기를 알고 부르면 복음의 진수는 물론이요, 하나님 사랑에 대한 박 목사님의 진실한 고백이 가슴이 저며오도록 느껴진다.

박 목사님이 지금의 자리까지 온 것은 하나님의 은혜요, 기적이다. 청소년기의 배경을 알면 '어떻게 그런 환경에서 예수를 믿고 교회를 다닐 수 있었지?'라는 의문이 절로 든다. 그의 청소년 시절은 도저히 하나님을 만날 수 있는 상황과 여건이 아니었다. 더욱이 사업을 하시던 무슬림 아버지의 예기치 않은 죽음, 그로 인해 갑자기 어려워진 가정형편과 소외된 환경은 그를 반항적이고 나쁜 길로 빠뜨려 버리기에 충분했다. 그러나 하나님은 그를 가만히 두지 않으셨다. 오히려 힘들고 어려운 시간이 그를 교회로 이끌었고, 예수를 믿는 기회가 되었다. 박 목사님은 그때 이상하리만큼 교회 가는 것이 너무 좋았다고 고백한다. 하나님의 부르심과 긍휼함이 그를 향하고 있었다.

박희정 목사님은 한 교회에서만 20년 이상 부목사님으로 섬기면서 인내와 목회자의 자질을 길렀다. 복음을 통해 한 영혼의 소중함을 깨달았고 현장 목회의 진수를 배웠다. 그 결과 지금은 능력 있는 복음 선포자로, 맡겨주신 양들을 돌보는 목양 사역에 전념하는 평강교회 담임목사로 사역하고 있다. 참으로 자랑스럽다. 또한 그는 영성과 전문성, 탁월성 이 세 가지를 다 갖춘 오늘날 꼭 필요한 목회자이다. 이 책은 박희정 목사님의 이런 삶의 여정 속에서 경험한 하나님의 사랑과 복음의 열정이 고스란히 담겨 있기에 적극적으로 추천한다.

• 강찬 목사 (예배인도자 및 CCM가수, 인천평강교회 협동목사)
'그 사랑'을 처음 불렀을 때를 기억합니다. 우연히 찬양을 듣고 십자가 복음이 그대로 담겨 있어서 너무 놀랐고 이 찬양으로 복음을 전할 수 있어서 여러 집회에서 부르고 또 불렀습니다. 놀라운 사실은 부를 때마다 청중들이 눈물로 찬양하며 하나님께 사랑을 고백하는 목소리를 듣게 되었습니다.
제가 경험한 이 은혜가 이제 「그 사랑에 담다」를 통해서 더욱 선명하게 전해지길 기대하며 추천합니다.

• 박요셉 목사 (배곧좋은교회 담임)

　박희정 목사님의 「그 사랑에 담다」 출간을 축하드립니다. 우리는 지금 코로나19 팬데믹의 시대를 지나고 있습니다. 한국 사회와 한국 교회가 한 번도 가보지 않는 길입니다. 게다가 이 길을 안내해 줄 지도와 나침반도 보이지 않습니다. 많은 이들이 길 위에 주저앉아 있습니다.
　이러한 가운데 박희정 목사님이 쓰신 책을 읽다 보니 마침내 분명한 지도와 나침반을 발견하게 됩니다. 바로 예수님이시며 '아버지 사랑'인 것입니다. 그토록 갈망했던 아버지 사랑이었는데 하나님 아버지는 그의 마음을 노크해 주셨고 외롭고 추웠던 그의 마음을 만져 주시며 그 안에 잠자고 있는 '끼'를 폭발시켜 주신 것입니다.

　박희정 목사님을 가까이서 만나게 된 것은 일본과 네팔에서의 '선재충선교사 재충전수련회' 사역에서였습니다. 우리 교회도 함께 사역하는 가운데 그의 열정과 성실과 사랑에 우리 모두는 반하였고 이후로 저는 박목사님을 뵐 때마다 진한 동지애를 느끼게 됩니다.
　특히 '그 사랑' 찬양 안에 그렇게 깊은 신학적인 구원론, 교회론, 기독론, 재림론까지 총망라된 복음의 교리가 한 곡에 담겨 있음에 깜놀이었습니다. 그의 때 묻지 아니한 풋풋함에 순진무구함까지 마치 깊은 산골짝의 옹달샘과 같은 청정한 그런 마음을 이 책에 담아낸 것, 무더위의 한 사발 냉수같이 제 마음을 시원하게 하였습니다.
　이 책을 통해 코로나19로 인해 지치고 주저앉아 있는 이들이 다시 길을 걸을 용기와 힘을, 위로와 희망을 얻게 될 것이라 확신합니다. 또한 각자의 고민을 안고 살아가는 목회자들과 성도들의 일독을 권합니다.

• 이건호 목사 (순복음대구교회 담임목사, 풀러신학대학원 Ph.D)

나는 이 책의 저자인 박희정 목사님에게 세 번 놀랐다.

첫 번째, '그 사랑'이라는 찬양이 우리나라 성도들이라면 어린애들부터 어르신들까지 즐겨 부르는 찬양이 오래 알고 지낸 박 목사님이 작사 작곡한 것이란 것을 최근에 알고 정말 놀랐다. 박 목사님이 전혀 내색하지도, 자랑하지도 않은 터라 막상 최근에 우리 교회 청년부 집회 때 강사로 오실 때에야 알게 되었다. 그 겸손함과 내공에 다시 한번 감복했다.

두 번째, 부잣집 도련님 같은 외모를 가진 박목사님에게 아주 특별한 가정사가 있었다는 것을 알고 또 놀랐다. 무슬림이었던 아버지 밑에서 자란 성장 배경도 남다르고 중학생 때 갑작스러운 아버지의 죽음과 그 이후의 힘든 삶을 통과하고 그가 목회자가 되었다는 사실은 그 자체가 큰 간증이다. 나는 이 사실도 최근에 박 목사님이 출현하신 〈새롭게 하소서〉를 보고 알았다. 하나님의 오묘한 섭리에 또 한 번 찬양을 드리지 않을 수 없었다.

세 번째, 이 책 때문에 놀랐다. 찬양 사역자가 자신이 쓴 찬양 가사로 이런 책을 쓴다는 것 자체가 너무 새롭고 놀라웠다. 책을 쓴다는 것이 얼마나 힘든가를 잘 알고 있기에 이 책이 나오기까지 하나님께서 박 목사님을 통해 일평생 준비하신 메시지가 이 책에 담겨 있음을 보았다. 필자가 일찍부터 경험한 아버지의 부재 가운데 어떻게 하나님의 '그 사랑'을 알게 되었는지 간증하며 시작된다. 이런 간증이 녹아든 찬양이기에 필자처럼 아버지의 부재와 아버지의 사랑을 경험 못한 많은 그리스도인에게 와닿는 것이 아니겠는가. 필자는 예수 안에서 하나님의 아버지 되심에 책의 많은 부분을 할애하면서 아버지 사랑을 잘 설명해 준다. 변함없으신, 거짓 없으시고, 끊을 수 없는, 성실하신 하나님 아버지 되심에 관한 성경 공부용으로 사용하면 참 좋겠다는 생각이 드는 부분이다.

이 책은 단순한 간증집을 넘어서 예배에 관한 좋은 교과서 같은 책이기도 하다. 예배가 무엇인지, 예배자는 어떻게 예배해야 하는지를 일관되게 설명해준다. 30여 년간 예배를 인도한 전문가답게 본인의 깨달음과 경험을 통해 성도들에게 예배를 가르쳐 준다. 예배가 무언지 알기 원하는 분들, 예배를 인도하는 분들에게 필독을 권한다.

이 책과 '그 사랑' 찬양은 전도할 때 필요한 복음을 담고 있음을 잘 설명해 준다. 선교사님들이 선교지에서 복음을 전하기 위해 이 찬양을 가르친다는 것이 이해가 된다. 우리가 복음이라는 말은 자주 하지만 막상 복음이 뭔가 설명해 보라고 하면 교회 오래 다니신 분들도 버벅거리기 쉽다. 그러나 이 책은 독자들에게 '그 사랑' 찬양 속에 담긴 예수 그리스도의 십자가와 부활의 은혜를 잘 설명할 좋은 도구를 갖도록 해줄 것이다.

또한 이 책은 '그 사랑'이라는 찬양의 해석서이면서 그 가사 하나하나에 대한 깊은 성경적 의미를 담고 있다. 성도들이 알아야 할 복음, 하나님의 아버지 되심, 예수의 십자가와 부활 그리고 재림과 종말론까지 두루 섭렵한다. 이런 시도를 했다는 차원에서 유일한 책이면서 본인의 삶에서 겪고 깨달은 진솔한 삶의 이야기가 계속 책을 붙들게 만드는 묘한 매력이 있는 책이다. 독자들도 '그 사랑'을 경험하고 배우는 좋은 기회가 되길 바란다.

• 김한수 목사 (한국NCD교회개발원 대표)

    10여 년 전에 박희정 목사님과 만났을 때 당시 출시되었던 2장의 음반 CD를 받게 되었다. 그동안 들어왔던 찬양들과는 너무나도 다른 스타일이어서 처음에는 '어, 이런 찬양이 있었네!'라는 신선한 충격을 받았다. 그런데 들으면 들을수록 그 앨범에 들어있는 모든 곡 속으로 푹 빠져들었다. 무엇보다도 가사가 성경적이고, 찬양으로 고백하기에 적절한 표현들로 가득 차 있었고 특별히 박 목사님의 음색에 큰 매력을 느꼈다. 처음에는 '실력은 있지만 아직 무명인 가수가 찬양사역자로 데뷔한 것인가?'라고 생각하기도 했다. 가슴속 깊은 곳에서 나오는 소리와 함께 발라드와 하드록 느낌의 음색이 너무나도 특이했다. 마치 모든 가요의 음색을 다 모아서 하나님을 찬양하는데 무릎 꿇게 한 느낌이었다.

    이후에 NCD 사역을 통해서 박 목사님과 꾸준히 교제하면서 찬양사역자로, 예배자로, 목회자로서의 그분의 모습에 작은 감동의 물결이 끊임없이 흐르고 있음을 경험한다. 무엇보다도 한 교회에서 오래 참음으로 교인들을 섬겨온 모습이 앞으로 젊은 후배 목회자들에게 큰 모범이 될 것이라고 확신한다. 그리고 이 책을 읽는 독자들은 하나님을 뜨겁게 사랑하는 박 목사님을 장마다 만나면서 그가 만난 하나님을 분명히 경험할 것이다. 책의 제목처럼 우리가 모두 그 사랑에 담길 수 있는 은혜를 누리기를 기도한다.

그 사랑

_작곡・작사 박희정

아버지 사랑 내가 노래해
아버지 은혜 내가 노래해
그 사랑 변함없으신 거짓 없으신 성실하신 그사랑

상한 갈대 꺾지 않으시는
꺼져가는 등불 끄지 않는
그 사랑 변함없으신 거짓 없으신 성실하신 그 사랑 사랑

그 사랑 날 위해 죽으신 날 위해 다시 사신
예수 그리스도 다시 오실 그 사랑
죽음도 생명도 천사도 하늘의 어떤 권세도 끊을 수 없는
영원한 그 사랑 예수

• 그 사랑에 담다.

목 차

• 프롤로그 _14

• Chapter 1 **아버지 사랑 내가 노래해**
　_첫 번째 이야기 ················· 21
　_두 번째 이야기 ················· 41
　_세 번째 이야기 ················· 57

• Chapter 2 **아버지 은혜 내가 노래해**
　_첫 번째 이야기 ················· 77
　_두 번째 이야기 ················· 91

• Chapter 3 **변함없으신 거짓 없으신 성실하신 그 사랑**
　_첫 번째 이야기 ················· 105
　_두 번째 이야기 ················· 119
　_세 번째 이야기 ················· 131

• Chapter 4 **꺾지 않으시고 끄지 않으시는 그 사랑** ········ 147

• Chapter 5 **날 위해 죽으신 그 사랑** ················· 163

• Chapter 6 **날 위해 다시 사신 그 사랑** ················· 179

• Chapter 7 **다시 오실 그 사랑** ················· 195

• Chapter 8 **끊을 수 없는 그 사랑**
　_첫 번째 이야기 ················· 217
　_두 번째 이야기 ················· 235

• 에필로그 _258

얼마 전 출연한 방송에서 이런 질문을 받았다.
"예, 아니오로 대답해 주세요 ~"
"내가 생각해도 '그 사랑' 찬양은 정말 잘 만들었다고 생각한다?"
"흠…."
나의 대답은 "아니오."였다.
그 이유는 아무리 생각해도 이 곡은 내가 만든 것이 아니라 하나님께서 주신 것으로 생각되기 때문이다.

물론 곡을 쓰기 전 나의 계획은 '노래에 복음을 담으면 그 곡을 부르는 곳에는 자연스럽게 복음이 전해지겠구나 그렇다면 일일이 내가 가지 않아도 되지 않을까?'라는 생각을 했었다.
그런데 내가 생각하는 것보다 더 크게 역사하신 주님께 감사를 드린다. 태국, 베트남, 몽골, 중국, 인도, 북미, 중미, 남미, 유럽, 아프리카, 오세아니아…, 세계 각국의 언어로 현지인들이 부르는 찬양이 되었다. 우리나라 크리스천들만 아는 곡이 아니라 세계 많은 크리스천이 이 곡을 부른다.
이런 열매 때문인가? 지금에 와서 생각하니 곡을 만들기 전에 많은 방해가 있었던 것이 떠오른다.

'그런데 내가 이제는 진리를 말하므로 여러분과 원수가 되었습니까?'
(갈 4:16, 쉬운성경)

• 그 사랑에 담다.

2004년 봄, 현재의 TRTransformation예배팀의 모체가 된 팀이 창단되고 첫 앨범을 만들어야 하는 무거운 부담 가운데 곡을 쓰고자 했는데 곡을 쓰려고만 하면 유치하고 개인적 감성의 발라드 음악만 떠오르는 것이었다. 예배곡은 아무나 만드는 것이 아니라는 것을 그때 절실히 알았다.

그즈음 미국에서 실시하는 목회자 영성훈련 단기코스 과정에 참석하게 되어 아는 권사님의 섬김으로 시애틀에서 출발하여 밴쿠버에 있는 유명 호텔에 하루 숙박을 하게 되었다.
첫날 밤에 진리를 싫어하는 원수(?)가 꿈에 나타났다.
내 가슴 위에서 날 깔고 앉아 나의 목을 조르고 있는 여인을 보게 되었다. 꼭 여자 조커의 모습이었다. 참으로 기분이 좋지 않았다.
그 여인이 나에게 말했다. "내가 좋다고 할 때는 언제고 이제 와서 하나님께 가겠다고? 내가 순순히 보내줄 것 같으냐?"

'아, 이 더러운 기분! 어릴 적 믿음이 약할 때나 경험한 이런 상황을 목사인 내가 겪고 있다니'
어릴적 약함을 이기기 위해 혼자 인천 만월산 공동묘지에 그것도 밤 12시에 꼭대기로 올라가 아무도 없는 곳에서 감격에 벅찬 예배와 기도까지 하고 내려오던 나인데…. 내가 지금 이런 상황에 눌려 있다니 너무 자존심이 상했다.

순간 경배와 찬양의 능력을 알고 있는 나는 하나님께 경배를 드렸다.
그러자 여자 조커는 괴로워하는 듯 나를 향해 이렇게 말했다.
"나는 네가 하나님께 가려고 할 때마다 너를 방해할 거야~."
'아~. 가려면 깔끔하게 떠날 것이지. 찝찝하게 미련을 두고….'
순간 나는 꿈에서 깨어났고 무릎꿇고 기도를 하기 시작했다.
"주님, 뭐죠? 아까 그것은 뭐죠? 내가 언제 그것을 좋다고 했지요?"
순간 어떤 기억이 소환되었다.

고3 때 불우이웃을 돕기 위한 일일찻집카페를 온종일 임대하여 지인들을 초대하는 하루 장사가 유행했던 시절 나는 초대가수로 초청을 받고 노래를 부르기로 했다.
준비한 곡은 당대 최고 발라드 가수 유열의 《가을비》.
나의 계획은 마지막 앤딩 부분에 멋있게 고음을 올리며 마무리. 그 후 우레와 같은 함성과 박수~
"지난 그 시절로 가고 있네~~~~."
아, 여기서 나의 계획과 달리 상상을 초월하는 일명 삑사리가 났다. 여기저기서 낄낄 거리며 비웃는 남정네들의 소리. 나는 쥐구멍이라도 있으면 숨고 싶었다. 그리고 그때 혼잣말로 이렇게 말했다.
"이 다음에 내가 인기 스타가 되어 유명해지면 너희들부터 찾아내서 짓밟아 줄 것이다."
그런데 왜 갑자기 이 기억이 떠오르는 걸까?

계속 기도하니 주시는 감동이 있었다.
'그때 내 안에 유명해져서 인기를 얻고 싶어 하는 소위 '야심'이 들어온 것이구나….'
이런 마음이 내 안에 자리 잡고 있으니 곡을 써도 사람들에게 인기를 얻고 싶어 하는 곡을 쓰게 되고 예배를 인도할 때도 나도 모르게 하나님만이 예배의 대상이 아닌 사람들에게 인기나 얻으려 공연이나 연기를 하게 된 것이다.
아, 정말 나의 정체가 드러나는 순간 하나님 앞에 처절하게 회개하고 또 회개했다. '주여 창피합니다. 나를 불쌍히 여기소서.'

그 후 훈련을 잘 마치고 들어왔고 몇 달이 지났을까? 곡을 써야겠다는 생각이 문득 들어 다시 인천평강교회 5층 옥탑에 있는 나의 서재에 들어가 습관처럼 책꽂이를 두리번거리는데 갑자기 몇 달 전, 구매해놓고 보지 않았던 IVP 출판사에서 발간한 앤디 파크 목사님의 책 『하나님을 갈망하는 예배인도자』가 눈에 확 들어오는 것이다. 책을 펴고 서론 부문을 읽는 순간 손이 떨리기 시작했다.
이분이 나하고 똑같은 꿈을 꾸신 것이 아닌가! 이럴 수가 있나. 갑자기 이 책은 왜 눈에 들어왔을까? 떨리는 가슴으로 읽었다. 그리고 이분도 나와 똑같은 결론을 내렸다는 것을 알았다. 그 꿈에 나온 기분 나쁜 여인의 존재가 '인기'라는 것을.

지금도 수많은 크리스천 젊은이들이 목회와 선교 그리고 예배 사역을 꿈꾸고 있으리라 생각한다. 그러나 이 길은 절대 인기를 얻을 생각으로 갈 수 있는 길이 아니다. 아니 절대 가면 안 되는 길이다.
나 또한 오랜 세월 이 욕망에 갇혀 있었고 주변에도 이런 욕망에 갇혀 있는 사람들이 분명 많이 있는 듯하다. 모두가 평생 싸워야 할 주제다.

난 떨리는 가슴으로 피아노 앞에 앉아 곡을 쓰기 시작했고 한 시간 남짓 지났을까 이렇게 만들어진 곡이 바로 '그 사랑'이다. 스스로도 놀랐고 감동했다. 멜로디와 가사가 이렇게 한 번에 완성되다니!
무엇보다 내가 원하던 복음이 한 곡에 모두 들어간 것 같아서 너무 행복했다.
아버지의 사랑, 은혜, 변함없으심(불변성), 꺾지 않고 끄지 않으심(성취하심), 죽으심(십자가)과 부활 그리고 다시 오심, 영원히 끊을 수 없는 그 사랑의 완성은 오직 예수님뿐.
이 찬양이 한국 교회 어디서든, 전 세계 교회 어디서든 불리고 있다.
주여, 감동입니다.

이 책은 열방을 다니며 예배학교를 진행할 때, '그 사랑' 가사에 나오는 8가지의 복음의 주제를 가지고 강의한 내용을 엮어서 만든 책이다. 또한 가는 곳마다 이 곡이 만들어진 배경을 알고 싶어 하는 분들이 참 많았는데 이렇게 책 서론에서 소개하게 되어 너무 좋다.
나는 신학자가 아니라서 여러 가지로 투박하거나 허술할지라도 복음만 전하고자 애를 썼다. 다른 목적은 없기에 복음의 능력만은 있는 그대로 흘러가길 기대한다.

이제 이 책이 출간되기까지 도움을 주신 분들께 감사를 전하며 글을 정리할까 한다. 늘 믿음의 여정을 함께하며 내가 담대히 복음을 전할 수 있도록 중보해 주는 나의 영혼의 가족 인천평강교회 성도들 그리고 10년 동안 전 세계를 다니며 함께 예배하는 죽마고우 색소포니스트 심삼종 교수와 TR예배팀, 나의 멘토이시자 큰 형님이시며 매년마다 선교사재충전수련회를 주관하는 고구마글로벌미션 대표 김기동 목사님, 책을 써보자고 처음 용기를 주신 한국NCD교회개발원 대표 김한수 목사님 그리고 지금까지 늘 옆에서 정의로운 길을 갈 수 있도록 격려하고 응원해준 나의 사랑하는 아내 은혜 사모에게 깊은 감사를 드린다.

우리는 하나님을 아는 만큼만 예배할 수 있다. 이 책이 하나님을 아는 지식에 도움을 주어 모든 성도들의 예배가 더욱 깊어지고 높아지길 간절히 소망한다.

• 그저 한 사람의 예배자   박희정 목사

> 하나님의 임재와
> 하나님의 영광이 없는 교회는
> 교회가 아닌 그냥 건물이다.
> 교회는 건물이 아니기에
> 건물에 목숨 걸 필요가 없다.
> 교회는
> 예수 그리스도의 몸이고,
> 우리의 관계이고,
> 우리의 모임이다.

Chapter 1

아버지 사랑 내가 노래해
_첫 번째 이야기

"땅의 왕국들아 하나님께 노래하고 주께 찬송할지어다(셀라)"
(시 68:32)

중학교 1학년 여름방학 때 일어난 사건이다. 그 당시 아버지는 사우디로 파견되어 근무하고 계셨다. 그런데 갑자기 아버지가 돌아가셨다고 전화가 왔다. 큰 충격이었지만 당시 나는 어리기도 했고 아버지의 그 상황이 직접 눈으로 확인이 되지 않아서인지 아버지의 죽음이 실감 나지 않았다.

아버지는 내가 초등학교 5학년 때 나라의 특별한 임무를 수행하기 위해 사우디에 있는 정유회사에 파견되셨고 1년에 한두 번 정도 휴가를 나오셨다. 워낙 떨어져 있는 시간이 많았기에 아버지의 죽음은 그렇게 피부에 와닿지 않았다. 집안에 남자가 나밖에 없어서 어린 나이에 상주 노릇을 했다. 장례식장이 없었던 예전에는 장례를 집에서 치렀다. 그런데 밖에서 돌아가시면 객사라 해서 집 밖에서 치른다. 이런 이유로 밤에 혼자 집 앞 마당에 놓인 아버지의 관 앞에 중학교 1학년짜리 아이가 앉아 있었다. 어른들은 다 집 안에 들어가서 술 마시고, 고스톱 치고…. 그렇게 장례를 치렀던 기억이 난다.

사우디에서 일하면서 이슬람 신자가 된 아버지로 인해 우리 가정은 일명 무슬림 집안이었다. 그런데 무슬림이던 아버지가 돌아가시니 우리 집은 더 이상 이슬람교를 따를 필요가 없었다. 장례를 마치고 며칠 후 간간이 다니고 있던 동네 교회에서 나를 찾아왔다. 친구들이 "희정아, 교회 가자~"라고 부르면 못 이기는 척하고 교회를 나가게 됐다. 무엇보다도 토요일마다 공식적으로 집에 안 들어가도 된다는 것이 좋았다. 토요일마다 교회에서 당시 신학생이었던 선생님과 친구들과 철야기도를 하다 보니 성령 체험도 하고 방언으로 기도도 하게 되었다.

어느 날 친구들끼리 모여서 기도하다가 환상이었는지 모르겠지만 아버지가 구원받지 못한 모습을 보게 되었다. '아버지도 구원받지 못하고 돌아가셨는데 어머니도 예수님을 믿지 않고 계시니 만약 아버지처럼 사고로 돌아가시면 구원을 못 받겠구나.'라는 생각이 드니 어머니가

• 그 사랑에 담다.

너무 불쌍해서 펑펑 울면서 데굴데굴 구르며 기도했다. 아버지도, 어머니도 불쌍했다. 아버지께서 돌아가신 후 술집을 운영하시며 늘 술에 취해 있던 어머니는 동네 친구분들과 종종 화투 치러 다니면서 그렇게 세월을 보내셨다. 나는 교회 다니면서부터 그런 어머니만 생각하면 가슴이 찢어지는 듯했고 슬퍼서 울다 지치기도 했다. 나와 친구들은 우리 어머니를 위해서 함께 기도했다. 기도 중에 내가 성령의 불을 받고 데굴데굴 굴러다니니까 어떤 교인분이 보시고는 교회에 난리가 났다고 다른 성도분들께 빨리 교회에 가 보라고 했다고 했다. 어른들 생각에는 애들이 기도하다가 귀신 들린 줄 알고 오셔서는 기도하고 있는 우리를 향해 툭툭 치더니 기도를 그만하라고 중단시키셨다. 나는 그렇게 뜨겁게 열정적으로 성령의 충만함을 받았다.

나는 기도하면서 '주님 저를 써주세요. 주님 영광을 위해 살겠습니다.'라고 서원 기도를 드렸다. 중학교 2학년짜리가 뭘 알겠는가! 그저 '우리 어머니 불쌍히 여겨 주세요. 저는 주님 나라 위해 살겠습니다.'라고 기도를 드렸을 뿐이다. 그렇게 나름대로 열심히 기도하고 성령이 충만해서 집에 들어갔다. 어머니는 아니나 다를까 여전히 술에 취하셔서 옷도 제대로 입지도 않으신 채 벌렁 누워 계셨다. 그 모습을 보고 어머니를 위해 기도를 드렸다. 어머니의 얼굴을 보고 기도하다가 갑자기 어머니가 눈을 뜨시고 언제나 입버릇처럼 하시는 '씹어먹을….'이라고 또 욕을 하실까 봐 어머니 발 밑에서 발을 붙들고 울면서 기도를 드렸다. '우리 어머니 예수 믿게 해 주세요. 지옥에 안 가게 해 주세요.' 그렇게 어머니의 발을 붙들고 기도했던 나의 중학교 2학년 시절이었다.

'나는 아버지가 돌아가시고 안 계시니 지금부터 하나님께서 나의 아버지시다.'라는 생각으로 하나님 아버지에 대해 특별함을 가지고 살았고 나름 하나님께서 나의 아버지라고 생각하면서 신앙생활을 했다.

고등학교 2학년 때였던 것 같다. 친구 집에 놀러 갔는데 친구 아버지가 일찍 퇴근해서 집에 계셨다. 그 친구가 스스럼없이 아버지께 "아빠, 같은 반 친구가 놀러 왔는데 용돈 좀 주세요. 친구와 맛있는 것 사 먹게요."라고 너무 당당하게 용돈을 달라고 이야기했다. 또 친구 아버지는 웃는 모습으로 "그래 친구랑 가서 맛있는 거 사 먹어라."라고 하시면서 용돈을 꺼내 주셨다. 이러한 모습은 일반적인 가정에서야 당연히 볼 수 있는 일이다. 하지만 내게는 무척이나 낯선 장면이었다.

그때 나는 아버지에 대한 개념이 순간, 완전히, 정말, 충격적으로 다가왔다. 친구가 너무 친밀감 있게 아버지에게 '용돈 좀 주세요.'라고 일상에서 평범하게 하는 것을 보면서 하나님과 나의 관계를 생각해 보았다. 하나님과 나 사이에 이런 친밀감이 있는지. 하나님께 "아버지!"라고 맘껏 큰 소리로 부르고 때로는 자랑도 했었는데 그 친구의 일상을 보면서 하나님 아버지를 내가 정말 아버지로 생각하지 못하고 있다는 것을 깨달았다.

나의 왜곡되고, 삐뚤어지고, 막혀있던 모습이 드러났다. 하나님 아버지의 사랑에 대해서도 충분히 알지 못했다. 하나님과 나 사이엔 일상의 친밀감이 없었다. 종교적인 아버지, 입술에서만 외치는 아버지, 너무 멀리 계신 막연한 아버지, 그저 믿고 싶었던 아버지였을 뿐이었다. 그것을 깨닫는 순간이었다.

> [26]내가 아버지께로부터 너희에게 보낼 보혜사 곧 아버지께로부터 나오시는 진리의 성령이 오실 때에 그가 나를 증언하실 것이요 [27] 너희도 처음부터 나와 함께 있었으므로 증언 하느니라
> (요 15:26-27)

이것은 계시다. 성령의 특별한 계시를 통해서만 깨닫게 된다. 단순히 지식적으로, 논리적으로 알게 되는 것이 아니라 진리의 성령이 오셔서 우리에게 깨닫게 해 주실 때 비로소 우리가 성령에 대해서, 참 진리에 대해서 눈을 뜬다는 말씀이다. 우리에게는 성령님이 필요하다. 이것을 깨닫지 못했다면 나는 여전히 추상적인 개념에 갇혀 살았을 것이다.

나는 '하나님이 내 아버지야!'라고 말하면 하나님으로부터 많은 복을 받을 것이고, 더 풍성한 삶을 살 수 있다고 생각했던 것 같다. 그런데 그 친구의 일상을 보면서 다 무너져 내렸다. 그 순간 성령의 계시가 임했다. 진짜 아버지에 대해서 눈을 뜨게 해 주셨다.

아버지께서 해외에 나가 계셔서 아버지를 느껴 볼 만한 그런 기억이 없었다. 굳이 아버지에 관한 기억을 더듬자면 가끔 야구용품도 사 주시고 바나나를 사 주시는 등 필요한 것들은 다 사 주시는 분이셨다. 집 안에서 나를 '맏상주! 맏상주!'라고 부르시더니 그러다 덜컥 중학교 1

학년 때 정말 만상주가 되게 하셨다.

부자로 살았음에도 어렸을 때부터 아버지에게 무언가를 당당하게 요구해 보지 못했다. 낮잠 자고 있는데 깨웠다고 화가 나면 손에 잡히는 대로 물건을 집어 던지셨다. 굉장히 분노가 많았고 어머니를 많이 때리셨다. 폭력을 피해 도망가는 어머니를 뒤따라가서 또 때리셨다.

이야기를 다 할 수 없을 정도로 아버지는 굉장히 잔인한 일들을 하셨다. 그 사건들이 아직도 내 기억 속에 있다. 그러니 내가 하나님을 이제부터 '나의 아버지'라고 말은 했지만 기억 속에서는 삐뚤어지고 왜곡된 아버지 상이 있었다.

아빠에게 용돈 달라는 일상적인 친밀감은 존재하지 않은 채 살아왔던 것 같다. 그런데 친구와 그의 아버지의 모습에서 아버지와 아들의 참모습을 보았다. 그 순간 진리의 성령이 나에게 오셔서 명확하게 아버지의 사랑을 증언해 주셨다고 생각한다. 그 순간이 나의 일생에 있어 커다란 전환기가 되는 순간이었다.

나에게 입 맞춰 주세요 (아 1:2)

입맞춤은 히브리어로 'נשק 나샤크, 접촉'이란 말이다. 나샤크라는 단어는 굉장히 폭넓게 사용되고 있다. 구약성경에서 천사들이 날개를 접촉하는 때에 나샤크 라고 쓰였고 하늘과 땅이 접촉할 때도 나샤크를 사용했다. 그렇게 땅과 하늘이 접촉하는 이 나샤크를 아가서에서 사용하고 있다.

• 그 사랑에 담다.

예수님께서 세상에 오셔서 이 땅을 밟으셨을 때가 하늘과 땅이 접촉하는 순간이다. 하늘이 오셔서 땅에 입 맞춰 주신 것이다. 예수님께서 하늘과 땅을 통일시켜 버리신 것이다(엡 1:10). 나샤크라는 입맞춤에 그런 의미가 있다. '나샤크'는 영어로 'Kiss Me'라고 표현한다. '나에게 입 맞춰 주세요. 당신과 입 맞추기를 원합니다.'라는 의미다. 굉장히 갈망하는 고백이다.

우리가 알고 있는 문학 소설 황순원의 『소나기』라는 소설을 보면 도시에서 온 소녀와 시골에 사는 한 남자아이가 나온다. 비가 와서 오두막에서 몸을 피하다가 무릎과 무릎이 살짝 맞닿는 장면이 나온다. 그게 뭐라고 평생 그 소년의 기억엔 풋풋한 사랑으로 자리한다.

이 남자아이는 여자아이와 맞닿는 피부 접촉을 통해서 이전에 느껴보지 못한 사랑에 눈을 뜬 것이다. '나샤크'는 입맞춤을 통해서 뭔가의 아주 특별한 계시가 임하는 것을 의미한다. '나에게 입 맞추어 주세요, 나는 당신의 입맞춤을 원합니다.'라고 신부가 신랑을 사모하는 마음에서 표현하는 것이다.

교회도 입맞춤을 보았다. 사도행전 2장에서 '너희는 성령이 임할 때까지 기다리라.'라고 하셨다. 120명의 성도가 마가의 다락방에서 기도할 때 불의 혀같이 성령이 임한다. 교회의 입맞춤은 아주 강력한 입맞춤이다. 교회는 성령의 강력한 입맞춤으로 세워진 하늘과 땅을 연결시켜 주는 하늘의 기관이다. 땅에서 매면 하늘에서 매고, 땅에서 풀면 하늘에서 풀게 하는 그런 영적이고 법적인 권한을 가진 복음의 진리로 죽음을 생명으로 이끌어 줄 수 있는 그런 천국의 열쇠를 가진 것이 교회다. 성령이 불의 혀같이 임함으로 교회가 이 땅 가운데 세워지게 되었다(행 2:3).

하나님의 임재와 하나님의 영광이 없는 교회는 교회가 아닌 보통 건물이다. 교회는 건물이 아니기에 건물에 목숨 걸 필요가 없다. 교회는 예수 그리스도의 몸이고, 우리의 관계이고, 우리의 모임이다. 두세 사람의 예배 가운데 그리스도께서 함께 하신다. 우리는 세상 밖에서 불러져서 모인, 세상에서 거룩함으로 구별된 삶을 사는 '에클레시아 ἐκκλησία', 즉 교회다.

오늘 황순원 씨의 『소나기』에 나오는 그 풋풋한 소년처럼, 그 거룩한 입맞춤 '나샤크'처럼 성령님과 거룩한 만남이 비로소 우리의 영의 눈을 뜨게 한다. 교만해서 알지 못했고 내가 안다고 생각했던 것이 오히려 나에게 큰 방해물이었다. 하나님 아버지를 잘 안다고 생각하며 꽤나 잘난 체하고 살았던 내가 내 친구의 일상 가운데 무너지고 만 것이다. '그렇지, 저런 관계가 아빠와 아들이지. 저런 모습이 아버지의 사랑이지.' 아버지는 막연함이 아니다. 이론이 아니다. 일상이며 실존이다.

인도 영화 중에 『Black』이라는 영화가 있다. 강의 할 때마다 많은 사람에게 보여 드렸다. 태어날 때부터 보지도 못하고, 듣지도 못하는 아이에 관한 이야기다. 우리가 아는 헬렌 캘러와 설리반의 이야기를 모티브로 만들어지지 않았나 싶은 영화다. 태어날 때부터 듣지도 못하고, 보지도 못하는 아이에게 어떻게 언어를 가르칠 수 있을까?

둘 중 하나라도 가능하여 들을 수 있거나 볼 수 있으면 무슨 대화라도 될 텐데 둘 다 장애를 갖고 있으니 어떤 방식으로 언어를 가르쳐야 할까? 선생님은 손바닥 위에 단어를 써가며 단어들을 가르치기도 하고, 물을 만지게 하고 'Water'라고 말하며 쓰기도 한다.

그러나 전혀 대화가 안 된다. 아이에게 언어를 가르치면서 보이지 않는 세계에 갇혀 있는 이 아이를 보이는 세계로 끄집어내려고 하지만 이 아이에게 보이는 세계는 너무나 어려운 세계다. 그러다 아이를 가르치는 특수학교 선생님은 결국 실패하고 집으로 돌아가려는 상황이 벌어진다. 그나마 예의범절도 나름대로 가르쳤다고 생각했다.

2층에서 짐을 싸고 있는데 아래층 식탁에서 도우미 아줌마와 밥을 먹으면서 무슨 이야기를 나누었는지 음식을 뒤집어엎고 난리가 났다. 선생님은 옆에 가서 너한테 예의를 가르쳤다고 생각했는데 너는 이것도 못 하느냐고 화를 냈다. 그러자 아이가 선생님께 물을 확 뿌려 버린다. 선생님은 물을 뒤집어쓰고 분노가 치밀어 올라 아이를 끌고 밖으로 나간다. 그러면서 '진짜, 물맛이 뭔지 내가 보여줄게.'라고 하면서 아이를 분수 있는 곳으로 끌고 가서 그 분수에 집어넣어 버린다.

그러자 엄청난 사건이 벌어진다. 영화에 가장 중요한 장면이 펼쳐지는데 물속에 빠진 이 아이는 뭔가 관심을 갖기 시작한다. 선생님도 처음 보는 모습이라서 이 광경을 지켜본다. 아이가 물이 떨어지는 방향으로 따라 올라가는 것이다. 눈도 안 보이고, 귀도 안 들리는데….

이 아이는 분수에 빠져서 물을 따라 올라가다가 물이 저 위에서 떨어지고 있는 것을 알고 갑자기 선생님에게 몸동작으로 질문한다. "이게 뭐죠?"라고. 이 아이는 지금까지 보이지 않는 세계에 갇혀 있었지만 이제는 보이는 세계에 사는 선생님과 첫 소통이 벌어진다. 이것을 확인한 선생님은 '이제 됐구나!'라고 생각한다. 이 아이가 뭔가 요청하는 것이 있으면 가르쳐 줘서 보이지 않는 세계에 꽁꽁 갇혀 있던 아이가 비로소 보이는 세계와 접촉하고 소통할 수 있는 순간이 되었다.

요구할 줄 몰랐던 이 아이에게 안 보이고 안 들리니까 소통은 이렇게 어려웠던 것이었다. 선생님은 이 아이의 손을 가져다가 'water, water'라고 쓰면서 가르치고 아이를 끌고 풀밭 잔디를 만지게 하면서 '이게 잔디야, 이게 풀이야, 이게 꽃이야.'라고 계속해서 알려 주신다. 이 아이는 하나를 가르쳐 줄 때마다 기억을 해낸다. '아~ 이게 나에게 뭔가 알려 주는 거였구나.' 아무것도 아닌 것 같지만 이제야 아이는 보이지 않는 세계에서 보이는 세계의 사람들과 소통할 수 있는 대화의 통로가 열린 것이다. '나샤크!' 입맞춤을 받게 된 것이다.

하나님은 영이시다. 하나님은 보이지 않는 영이시다. 그런데 우리는 반대로 보이는 장님이다. 하나님께서는 사람들에게 생명의 복음을 증거하기 위해서 예수님을 이 땅에 보이는 하나님으로 보내셨다.

이 땅에서 보이지 않는 하나님을 증거하시기 위해 오셨는데 아무리 소통하려고 해도 그들은 보이는 장님으로 있기에 예수님을 알 수도, 볼 수도 없었다. 예수님은 그들에게 장님이라고 하셨다. '너희들이 눈

뜬 줄로 착각하지 말라.' 우리는 눈에 보이는 물질주의 사고방식에 너무 길들어져 있다. 그래서 보이지 않는 것에 대한 가치를 모른다. 보이지 않는 것에 대한 중요성을 잘 모른다. 유물론적 사고방식은 우리로 하여금 자꾸 보이는 부, 명예, 권력 그리고 쾌락을 좇게 한다. 우리는 자꾸 보이려고 한다. 겉으로 꾸미고, 장식하고….

그러나 하나님께서는 우리의 마음, 중심처럼 눈에 보이지 않는 것을 중요하게 여기신다. 성경은 너의 마음을 꾸미라고, 너의 마음을 단장하라고 한다. 결국 예배도 그렇다. 보이지 않는 하나님을 예배하는 것이다. 그럼에도 불구하고 훈련되지 않는 예배자들은 자꾸 보이는 청중들을 의식한다. 눈에 보이는 것을 의식한다. 보이지 않는 것에 대해서 눈을 뜨지 않으면, 믿음의 눈을 뜨지 못하면 하나님을 예배할 수 없다.

[1]욥이 여호와께 대답하여 이르되 [2]주께서는 못하실 일이 없사오며 무슨 계획이든지 못 이루실 것이 없는 줄 아오니 [3]무지한 말로 이치를 가리는 자가 누구니이까 나는 깨닫지도 못한 일을 말하였고 스스로 알수도 없고 헤아리기도 어려운 일을 말하였나이다 [4]내가 주께 말하겠사오니 주는 들으시고 내가 주께 묻겠사오니 주여 내게 알게 하옵소서 [5]내가 주께 대하여 귀로 듣기만 하였사오나 이제는 눈으로 주를 뵈옵나이다 [6]그러므로 내가 스스로 거두어 들이고 티끌과 재 가운데에서 회개 하나이다. (욥 42:1-6)

5절이 핵심 구절이다. '내가 주께 대하여 귀로 듣기만 하였사오나 이제는 눈으로 주를 뵈옵나이다.' 욥은 나름대로 하나님을 귀동냥으로 들으면서 하나님을 굉장히 잘 알고 있다고 생각했다. 친구들하고 논쟁하면서 그 방대한 지식을 쏟아 낸다. 욥기서는 42장까지 있다. 굉장히 긴 성경이다. 욥은 친구들과 지식을 방대하게 쏟아내면서 깨달은 것이 있다.

3절을 보면 '무지한 말로 이치를 가리는 자가 누구니이까 나는 깨닫지도 못한 일을 말하였고 스스로 알수도 없고 헤아리기도 어려운 일을 말하였나이다.'라고 한다. 결국 귀동냥으로 들어왔던 하나님에 대한 지식을 쏟아내기는 했지만, 자기가 진짜 깨달은 것은 아니라는 것이다. 그동안 입으로 엄청나게 쏟아냈지만 결국 그것은 지푸라기에 불가하다는 것이다.

성 어거스틴 일화를 보면 어거스틴이 갑자기 죽었다가 순간 깨어나서 한 이야기가 있다. 그동안 자기가 설교했던 것은 다 지푸라기이니 버리라고 했다. 아마 나도 그럴 것 같다.

천국에 입성했을 때 '이 땅에서 설교했던 것을 다 버리고 싶은 그런 마음이 들지 않을까?' 하는 생각이 든다. '과연 나는 내가 아는 하나님을 설교했는가?'라고 말이다. 지금 욥이 딱 그런 상황이다. 우리도 눈을 열고 하나님을 뵙는 순간에 얼마나 창피할지 쥐구멍이라도 있으면 막 들어가고 싶을 것이다.

지금까지 예배 찬양인도를 30년 넘게 했는데 예배 찬양인도가 끝나고 나면 쥐구멍이라도 찾아 들어가고 싶다는 날들이 수두룩했다. 예배드리면서 감동하고, 울기도 한 것 같은데 끝나면 남는 것이 없다. '우리는 정말 크고 위대하신 하나님의 영광을 선포한 것인가?'에 대한 심각한 고민이 필요하다.

여전히 삶의 예배에서는 또 실패하고 넘어진다. 우리의 드린 예배가 진짜 예배였는지 아니면 그냥 감정에 도취하였던 것인지…. 아마 노래교실을 가도 그 정도 감동은 받을 것이다. 영화를 봐도 감동하고, 드라마를 봐도 감동은 받는다. 발라드 노래를 듣다가 눈물도 흘린다. 그런데 예배를 통한 감동은 이런 것들과는 다른 감동이다. 하나님을 예배하는 자리에서 받는 감동과 트로트 음악을 듣다가 받은 감동은 분명히 다르다. 예배는 위대하다. 우리는 마땅히 예배받기에 합당하신 분을 예배하기 때문에 위대한 것이다. 그런데 그런 날들이 헛되지 않았다. 그런 경험을 통해서 나의 눈이 뜨인 것이다. 그리고 진정한 예배를 향해서 계속해서 성장했다.

세상의 수많은 노래 가운데 가장 많은 주제가 '사랑'이다. 대중가요 중에서도 사랑과 관련된 주제의 노래가 제일 많다. 세상 사람들이 사랑을 노래할 때 '당신과 나의 사랑은 영원할 거야. 죽음도 갈라놓지 못할 거야.'라고 노래한다. 그런데 이러한 것들은 진리가 아니다. 세상에 영원한 사랑은 없다. 죽음도 갈라놓지 못할 그런 사랑은 없다. 사람과 사람 간의 그런 사랑은 없다. 다 착각에 빠져 있다. 도취 되어 있다. 결국은 영원한 사랑, 변함없는 사랑, 책임지는 사랑, 우리를 구원하실 수 있는 유일한 사랑은 하나님 아버지의 사랑밖에는 없다.

아가서는 노래 중의 노래song of songs다. 가장 위대한 사랑을 노래하는 책이다. 단순히 아가서가 남녀 간의 사랑이라면 성경에 들어갈 수가 없었다. 아가서가 가장 위대한 사랑의 노래인 이유는 신부가 신랑을, 신랑이 신부를, 교회가 예수님을, 예수님께서 교회를 사랑하는 관계로 풀어내고 있기 때문이며 하나님 아버지의 사랑을 노래하기 때문이다. 하나님 아버지의 사랑을 노래하는 사람들은 '내가 진정으로 하나님의 사랑을 노래하는 것일까?'라고 스스로 질문해 보아야 한다.

요한복음 4장 21절에서 예수님께서 사마리아 여인에게 '너희는 알지 못하는 것을 예배하고 우리는 아는 것을 예배하노니.'라고 말씀하신 것처럼 우리는 지금 하나님 아버지의 사랑을 알고 노래하는 것인지 아니면 그냥 앞에 인도자가 오늘 선곡한 찬양곡이라서 그저 따라 부르면서 내가 좋아하는 찬양이 나오면 더 열광하고, 내가 알지 못하는 찬양이 나오면 실망하는 것이지 생각해 봐야 한다.

2004년도에 '그 사랑'을 작곡했다. 그때 찬양을 작곡하고자 했던 목적은 찬양 한 곡만 불러도 복음이 다 전파되기를 원하는 그런 마음, 그런 탁월한 복음 찬송을 만들고 싶어서였다. 노래라는 그릇에 복음을 담고 싶었다. 그런데 억지로 짜집기해서 만들고 싶지는 않았다.

앞에서 언급했던 친구 집에서의 아버지에 대한 일상을 보면서 특별한 계시가 임해 진정한 아버지의 사랑이라는 것을 깨달았던 것처럼 그때부터 묵상하고, 또 묵상하고 교리를 공부하면서 하나님 아버지가 어떤 분인지에 대한 지식이 내 안에 쌓이다 보니 깜짝 놀랄 정도로 하나

• 그 사랑에 담다.

님을 아는 지식이 가사로 그냥 싸아 악~ 막힘없이 곡을 만들게 되었다. 멜로디를 먼저 쓰고 가사를 술술 써 내려갈 때의 그 기쁨은 엄청났다. 앉은 자리에서 곡을 다 완성하면서 스스로 깜짝 놀랐던 기억이 있다.

'아버지 사랑 내가 노래해, 아버지 은혜 내가 노래해.'까지 써 놓고 '그 사랑~ 변함없으신, 거짓 없으신, 성실하신 그 사랑.'을 물 흐르듯 써 내려갔다. 여기까지 하나하나가 다 복음의 주제다. 아버지의 사랑과 은혜를 노래하는 것! 아버지의 사랑과 은혜로 우리를 구원하신 것이다. 결국 '그 사랑'의 노래는 우리를 구원하셨다는 기쁨의 소식이다.

내가 구원받았기 때문에 놀라운 아버지의 사랑을 노래한 것이다. 내가 얼마나 큰 죄인인 것을 알지 못하면 그만큼 아버지의 사랑과 은혜 또한 깨달을 수 없다. 내가 얼마나 더럽고 추한지, 감히 하나님 근처에도 가지 못할 벌레 같은 그런 죄인지 인식하지 못한다면 아버지의 사랑과 아버지의 은혜는 절대 알 수가 없다.

예수님께서 이 땅에 오셔서 처음으로 복음의 메시지를 선포실 때 '하나님은 여러분을 사랑해요.'라고 말씀하지 않으셨다. '회개하라.'라는 말씀이셨다. 회개하지 않으면 심판받기 때문이다.

'죄가 많은 곳에 은혜가 많다.'라고 바울은 이야기한다. 내가 죄를 알지 못하는데 어찌 하나님의 은혜를 알 수 있겠는가? 진정으로 아버지의 사랑을 알 수 있겠는가?

^{25}나의 복음과 예수 그리스도를 전파함은 영세 전부터 감추어졌다가 ^{26}이제는 나타내신 바 되었으며 영원하신 하나님의 명을 따라 선지자들의 글로 말미암아 모든 민족이 믿어 순종하게 하시려고 알게 하신바 그 신비의 계시를 따라 된 것이니 이 복음으로 너희를 능히 견고하게 하실 (롬 16:25-26)

바울이 예수 그리스도를 전파하는 것은 신비의 계시를 따라 되는 것이라고 말하는 것처럼 이 계시가 임하지 않으면 복음을 알 수가 없다. 성령을 구해야 한다. 예배를 위한 곡 하나를 하나님께 올려 드리기 위해서는 아무거나 골라서 할 수 없는 것이다. 그리고 하나님을 아는 것만큼 우리는 예배할 수 있다. 그리스도인만이 예배할 수 있다. 그리스도인이 아니면 예배드릴 수가 없다. 예배는 특별하다. 그래서 예배는 복음이다. 복음 안에서만 할 수 있는 것이 예배다. 신비의 계시를 따라서 된 것이다. 이것이 바울의 복음이다. 우리가 부를 우리의 노래이다. 이 복음으로 능히 견고하게 하시고 열방과 세계 속에서 이 노래가 불릴 때마다 복음이 선포되기를 원했다.

내가 '그 사랑' 찬양을 만들어 놓고 당시 함께 한 팀에게 굉장히 좋은 곡을 하나 쓴 것 같은데 한번 들어 보라고 하면서 연습 도중에 들려준 적이 있다. 팀원들의 반응을 잔뜩 기대하고 있던 나는 팀원들의 시큰둥한 반응에 실망이 컸다. 그 후로 그 곡을 찾지도 부르지도 않았다.

그런데 어느 날 아내가 꿈을 꿨는데 내가 만든 '그 사랑' 찬양이 미국

CNN 방송에서 한국의 어떤 목사님이 만든 곡이라고 미국 기자들이 리포트를 하면서 그 찬양이 나오더라는 것이다. 아내는 꿈을 잘 꾸지 않는 사람인데 '왜 외국 사람들이 우리 남편이 쓴 곡을 부르지?' 하고 꿈을 깼다고 한다.

당시 그런 이야기를 들었을 때는 그냥 웃으며 흘려듣고 말았다. 내가 만든 곡이 전 세계 사람들이 부를 줄은 상상도 할 수 없었던 일이기 때문이다. 그런데 그 찬양이 알려지면서 기독교인들이 가장 좋아하는 찬양으로도 불렸고, TR워십팀이 태국어로 불렀고, 몽골 사람들은 한국말로 부른다. 몽골 선교여행을 가면서 우리 교회 청년들이 몽골어로 찬양을 준비해서 갔다. 그런데 몽골 사람들은 한국말로 찬양을 불렀다. 마치 우리가 외국 찬양을 영어로 부르는 것처럼 말이다. '그 사랑' 찬양을 스페인어로, 영어로, 중국어로 심지어 힌디어로 부르는 것을 영상으로 받아 본 적이 있다. 전 세계에서 찬양이 불리고 세계선교를 다니면서 찬양의 힘을 느낄 때, 아내의 그 꿈이 현실이 된 것을 경험했다.

과거 섬기던 공동체에서 전국 청소년 수련회를 인도할 때였다. 이 곡을 통해 많은 젊은이가 은혜받고, 회개하고, 하나님의 임재가 쏟아지고 있는 것을 보았다. 또한 이 곡이 단순히 유명해졌다는 것이 아닌, 복음이 담긴 이 찬양이 전국에서 그리고 전 세계에서 불리고 젊은 세대나 노인들이나 모두 좋아한다는 것이다. 1년 365일 절기와 상관없이 어떤 강단에서도 복음을 전하는 그곳에는 항상 '그 사랑'의 찬양이 불리는 것은 죽으시고 부활하신, 다시 오실 주님을 찬양하고 사랑의 완성이 예수 그리스도임을 전적으로 동의하기 때문이다.

선교사님들께서 선교지에 나가면 '그 사랑' 찬양부터 가르친다고 하신다. 왜냐하면 그 찬양이 곧 복음이기 때문이다. 하나님께서 열방과 전 세계 방방곡곡에서 '그 사랑'을 노래하도록 한다는 생각이 들 때면 바울이 전한 '나의 복음'이 세계 열방에 전파될 때 참으로 뿌듯했을 것이라는 생각이 들었다. 바울이 '나의 복음'이라고 이야기한 것처럼 나도, 우리도 하나님을 예배할 때 나의 노래, 나의 찬양을 주님의 감동으로 예배하고 이 복음을 선포할 수 있는 그런 예배자들이 되기를 소망한다.

> 오직 예수 그리스도의 피가 유일하다.
> 예수 그리스도의 사랑은
> 값으로 환산이 안 된다.
> 날 위해 죽으신 그 사랑,
> 나의 값은 상상을 초월하는
> 예수님의 피 값이다.
> 그것이 나의 가치,
> 내 인생의 가치이다.

Chapter 1

아버지 사랑 내가 노래해
_두 번째 이야기

'그 사랑' 찬양은 노래라는 그릇에 복음을 담고 싶은 분명한 목적을 가지고 만들어진 곡이다. 예수 그리스도의 복음, 그 보배로운 복음이 곡에 담긴다면 온 세계 열방 가운데 복음이 전파되는 곳에 불리기 원했던 마음으로 만든 노래다.

1) 아버지 사랑 내가 노래해 - 하나님의 사랑
2) 아버지 은혜 내가 노래해 - 하나님의 은혜
3) 그 사랑 변함없으신 거짓 없으신 성실하신 그 사랑
   - 하나님의 불변성

4) 상한 갈대 꺾지 않으시고 꺼져가는 등불 끄지 않는 그 사랑
   (사 42:3, 마 12:20)
   - 교회론 : 구약교회를 지키셨고 신약교회를 세우시고 지키실
     교회를 향한 하나님의 놀라운 계획과 경륜
5) 날 위해 죽으신 그 사랑 - 그리스도의 죽음과 십자가
6) 날 위해 다시 사신 그 사랑 - 그리스도의 부활
7) 다시 오실 그 사랑 - 마지막 때 그리고 재림
8) 죽음도 생명도 끊을 수 없는 그 사랑
   - 하나님의 구원과 확신의 교리를 갖고 있다.

이 교리는 성경에서 비롯된 건강한 교리이다.

하나님 아버지의 사랑에 대한 복음의 교리를 한 곡에 담는다는 것은 쉬운 일이 아니었다. 어떤 부분을 넣고, 어떤 부분을 빼야 할지 아니면 모든 부분을 한 곡에 다 넣어야 할지 많이 고민했다.
그러나 이 아버지의 사랑을 마치 구약부터 신약까지 요약한 것 같은 노래가 완성될 때, 나 자신도 깜짝 놀랐다. '이 곡은 내가 쓴 것이 아니라 하나님께서 주신 것이다.'라는 감동이었다.

존 파이퍼 John Piper는 복음에 대해 이렇게 말했다. '정의를 위한 싸움의 원동력은 복음을 바로 이해하는 데 있다.'「A GODWARD HEART」 2014. Multnomah Books 그렇다. 복음을 제대로 이해하지 못한다면 우리는 진

• 그 사랑에 담다.

정으로 이 땅의 정의를 위해서 싸울 수가 없는 것이다. 복음을 모르고는 이 땅에 정의와 공의를 가져올 수는 없다. 단순히 복음이 없는 경제와 정치는 정의를 가져오게 할 수 없다는 뜻이다. 일시적으로 그렇게 보이게 할 수는 있지만 진정으로 사람을 살릴 수는 없다.

…이 복음은 모든 믿는 자에게 구원을 주시는 하나님의 능력이 됨이라… (롬 1:16)

진정한 구원을 가지고 오는 것이 복음이다. 복음으로 인해 우리가 하나님 아버지 앞으로 나아가게 된다. 또 자녀의 자격을 다시 회복하게 된다. 삼위일체 하나님이신 성부 하나님, 성자 하나님, 성령 하나님을 통해서 복음이 계시되어야 한다.

나를 본 자만이 하나님 아버지를 보았다 (요 14:9)

나를 통하지 않으면 하나님 아버지께 나아갈 자가 없다 (요 14:6)

예수 그리스도의 십자가의 죽음과 부활의 모든 사역이 완성될 때 모든 것이 하나님 아버지께 되돌려진다. 하나님 아버지를 나타내게 되는 것이다. 그렇게 될 때, 하나님 아버지의 자녀들은 회복된다. 예수 그리스도를 계시하시는 분은 성령님이시다. 성령님은 예수님을 계시하시고 예수님은 아버지를 계시하신다.

> ⁶너는 나를 도장 같이 마음에 품고 도장 같이 팔에 두라 사랑은 죽음 같이 강하고 질투는 스올 같이 잔인하며 불길 같이 일어나니 그 기세가 여호와의 불과 같으니라 ⁷많은 물도 이 사랑을 끄지 못하겠고 홍수라도 삼키지 못하나니 사람이 그의 온 가산을 다 주고 사랑과 바꾸려 할지라도 오히려 멸시를 받으리라
> (아가 8:6-7)

도장처럼 마음에 새긴다는 것은 마음을 파내서 그것을 새긴다는 것이다. 도장을 새기듯 마음에 새겨야 한다. 그것이 십자가에서 일어난 사건이다. 가슴에 도장같이 새겨진 그 사랑이 우리 마음에 있어야 한다.

의사 출신이었던 마틴 로이드 존슨David Martyn Lloyd-Jones, 1899-1981 목사는 예수님께서 십자가에서 돌아가셨을 때, 심장이 파열되어서 돌아가셨다고 한다. 그리고 언젠가 부활절 특집 방송에서 현대 의사들은 예수님이 심장 파열로 돌아가신 것에 대해 의학적으로 설명하는 방송을 했다. 창으로 옆구리를 찔렀을 때 물이 흘러나오는데 그 물이 고여 있다가 흘러나오는 이유가 심장이 파열될 때 일어나는 의학적인 현상이라고 한다. 예수님께서는 생각보다 빨리 돌아가셨다. 일반적으로 신체 건장한 남자들은 십자가에서 1주일에서 거의 2주까지도 버틴다고

한다.

그래서 어떤 경우에서 사형을 집행하던 집행관들이 고통을 줄여 주고 빨리 죽도록 다리의 뼈를 꺾어 주기도 한다. 예수님의 뼈도 꺾으려고 하다가 이미 죽은 것을 확인하고 꺾지 않았다. 유월절에 어린 양의 뼈를 꺾지 않는 그 예언이 이루어졌다(출 12:46). 정말로 성경의 모든 한 장면 한 장면이 너무나 신비롭고 놀라울 수밖에 없다.

심장이 파열되었다는 것은 심장 파열로 말미암아 새겨진 사랑이라고 생각한다. '나의 하나님 어찌하여 나를 버리시나이까.' 단 한 순간도 아버지의 품을 떠나 보신 적이 없으신 분, 단 한 순간도 아버지 하나님 안에서 분리된 적이 없으셨던 분이 지금은 '분리'라는 상상을 초월할 고통을 겪으셔야 하는 것이다. 물론 육신이 겪어야 될 고통도 심하셨겠지만, 사실은 예수님께서는 육신의 고통보다도 하나님과의 분리, 하나님으로부터의 버림받음이 더 두려우셨을 것이다.

예수님의 심장이 파열되신 것을 보면서 예수님의 사랑을 다시 한번 깨닫는다. 그렇게 심장에 도장처럼 새겨진 그 사랑은 십자가의 성흔이라고 한다. 거룩한 흔적이다. 예수님께서 십자가에 매달려야 하므로 손에 못을 박았다가 찢어져서 밑에 떨어진다. 그러기에 손목에 못을 박고 신경을 다 잡아당기는 상상을 초월하는 고통을 겪으신다. 신경을 잡아당기는 고통은 디스크로 인해 신경이 당기는 고통을 느껴보신 분들은 아실 것이다. 가히 상상을 초월하는 엄청난 고통을 겪는 것이다.

> 조금 나아가사 얼굴을 땅에 대시고 엎드려 기도하여 이르시되 내 아버지여 만일 할 만하시거든 이 잔을 내게서 지나가게 하옵소서 그러나 나의 원대로 마시옵고 아버지의 원대로 하옵소서 하시고
> (마 26:39)

예수님께서는 육신을 입고 계셨지만 그분은 하나님이시다. 그런데도 이 잔을 내게서 멀리해 달라고 기도하셨던 이유는 하나님과 분리되어야 했기 때문이었다. 죄로 인해서 하나님과 분리되는 고통, 즉 우리의 죄성과 본질적으로 하나님과 분리되는 그 죄를 끌어안고 산다는 것은 참으로 어려운 일이다. 죄 가운데 구원받지 못한 사람들은 그 고통을 끌어안고 영적으로 죽어 있으므로 그것을 더 느끼지 못하는 것이 아닌가 하는 생각이 든다.

이 말씀은 하기 싫은데 억지로 순종하는 모습이 아니다. 예수님의 순종은 그런 순종이 아니다. 예수님의 순종은 철저히 하나님 아버지를 신뢰함에서 나오는 것이다. 나의 원대로 말고 아버지의 원대로 해야 하는 이유는 아버지께서 행하시는 모든 것들이 옳고, 정의롭고, 공의롭고, 완전하고, 완벽하다는 것을 철저히 신뢰하기 때문에 그 관계로부터 나오는 순종이다. 법적인 절차를 억지로 따라야 하는 순종이 절대로 아니다.

아버지의 뜻대로 되는 것만큼 완전한 것이 없다. 가장 믿을 만하고 안전하다. 주님의 뜻이 이루어지는 것이 가장 선하고 가장 아름답다. 우리의 인생도 아버지의 원대로 되기를 원해야 한다. 모든 순간에 있

어서 '아버지가 옳습니다!' 하는 진정한 예배자가 되어야 한다.

우리는 복음을 깨닫고 성령이 말하는 건강한 교리들을 알고 있다. 그렇기에 다시 예전의 죄 가운데로 돌아간다는 것은 불가능하다. 하나님을 떠나서 다시 분리된 상태로 돌아간다는 것은 상상도 못 할 일이다.

예수님께서 십자가에서 죽으심으로 그 사랑을 확증하셨다. 그래서 사랑은 죽음보다 강하다. 예수님께서는 죽음으로써 사랑을 확증하셨고 아버지께서는 아들을 죽이심으로 그 사랑을 확증하셨다. 이 일은 우리가 연약할 때 여전히 죄인 되었을 때, 우리가 적극적으로 하나님을 공격하는 원수의 자리에 있을 때도 주님은 우리를 향하여 인간으로서는 이해할 수 없는 완전한 사랑을 보여 주셨다.

물론 세상의 사랑도 무시할 수는 없는 본질적으로 하나님의 성품 가운데 나오는 사랑이라고 생각하지만 궁극적으로 세상의 사랑은 영원하지 않다. 사랑을 고백할 때는 멋들어지게 고백한다. '영원히 사랑할 거야! 죽음도 갈라놓지 못할 거야! 지옥에라도 따라 갈 거야!' 등과 같은 표현을 한다. 하지만 다 지키지 못할 말들이다.

> [1]여호와의 손이 짧아 구원하지 못하심도 아니요 귀가 둔하여 듣지 못하심도 아니라 [2]오직 너희 죄악이 너희와 너희 하나님 사이를 갈라 놓았고 너희 죄가 그의 얼굴을 가리어서 너희에게서 듣지 않으시게 함이니라 (사 59:1-2)

그러면 죄가 더 강하다는 것인가? 때론 죄가 강하게 보이기도 한다. 그 죄를 아버지의 사랑이 질투하신다. 지옥같이 잔인한 그 질투가 바로 십자가의 사랑이다. 이 놀라운 사랑의 강력한 힘으로 사람들을 죽음으로 내몰았던 죄의 권세, 인류를 죽음에 빠뜨린 이 죄의 권세를 십자가의 사랑으로 이기셨다.

죄는 하나님과 원수 된 상태를 말하는 것이다. 적극적으로 하나님을 반대하는 성향, 성품이다. 그것은 인간의 본성 안에 있다. 우리는 전적 부패와 타락으로 하나님께 스스로 나아갈 수 없다. 죄가 우리를 그렇게 만들었다.

> 내가 그의 집을 영원토록 심판하겠다고 그에게 말한 것은 그가 아는 죄악 때문이니 이는 그가 자기의 아들들이 저주를 자청하되 금하지 아니하였음이니라 (삼상 3:13)

> 선악을 알게 하는 나무의 열매는 먹지 말라 네가 먹는 날에는 반드시 죽으리라 하시니라 (창 2:17)

'선악을 알게 하는 나무의 열매는 따 먹지 말라. 그것을 먹는 날에는 정녕 죽을 것이다.' 하나님께서 죄를 얼마나 미워하시는지 보여 주는 대목이다. 하나님의 감정을 표현하자면 '너 그러다 죽을 수도 있어?'가 아니라 '너 절대 그것만은 먹으면 안 된다! 그러면 반드시 죽기 때문이다!' 하는 가슴 절절한 아버지의 사랑이 담긴 표현이다.

• 그 사랑에 담다.

성경에 '여호와 하나님'이라는 단어가 전혀 등장하지 않는 책이 2권 있다. 에스더와 아가서이다. 그러나 두 성경을 자세히 보면 하나님을 볼 수 있다. 역사 속에서 하나님이 감춰진 것 같지만 하나님의 사람들이 사는 모습을 통해서 그들 가운데 역사하고 계시는 하나님을 볼 수 있다.

하나님은 우리의 삶으로 증명되어야 하고 예배자의 삶의 현장은 하나님의 살아계심과 그의 영광의 복음이 전파되는 곳이어야 한다. 입술로 '하나님, 예수님'을 달고 살지 않더라도 하나님의 성품을 통해서 하나님을 증명해야 하는 중요한 것이 삶의 예배다.

함께 모이면 마음껏 하나님을 찬양하고, 흩어지면 하나님의 성품으로 우리의 삶 속에서 증명해야 한다. 성령의 9가지 열매인 사랑, 기쁨, 화평, 오래 참음, 자비, 양선, 충성, 온유, 절제는 우리 삶에 나타나야 할 진정한 예배요, 다윗의 춤이다. 이렇게 우리의 예배는 균형을 이루어야 한다.

사랑하는 자들아 우리가 지금은 하나님의 자녀라 (요일 3:2)

우리가 하나님의 자녀가 되는 근거는 바로 예수 그리스도 안에서 일어나는 일 때문이다. 예수 그리스도는 영원 전부터 아버지 안에 계신 분이시다. 그 예수님께서 우리를 위해 십자가를 지셨다. 그 지옥같이 잔인한 십자가로 죄를 한 방에 날려 버리셨다. 그래서 우리를 예수 그리스도 안에 거하게 하셨고 아버지께서 우리 안에 계신다.

> 아버지여, 아버지께서 내 안에, 내가 아버지 안에 있는 것 같이 그들도 다 하나가 되어 우리 안에 있게 하사 세상으로 아버지께서 나를 보내신 것을 믿게 하옵소서. (요 17:21)

아들 되신 예수 그리스도께서 아버지 안에 계신 것처럼 우리가 예수 그리스도 안에 있으므로 결국 우리도 아버지 안에 있게 된다. 이 놀라운 일이 우리의 삶에 벌어진다.

우리는 아버지의 놀라운 사랑 안에 있는 자녀들이며 상속자들이라는 것을 잊지 말자. 이 사랑은 온 세상을 다 팔아도 살 수 없다. 값을 주고 살 수가 없다. 가난한 나라에서는 자식을 사고파는 그런 일들이 종종 벌어진다. 진정한 아버지의 성품 안에서는 불가능한 일이다. 왜냐하면 자식은 돈으로 그 가치가 매겨지는 것이 아니기 때문이다.

예수 그리스도의 사랑은 값으로 환산이 안 된다. 날 위해 죽으신 그 사랑, 나의 값은 상상을 초월하는 예수님의 피 값이다. 그것이 나의 가치, 내 인생의 가치이다. 온 세상을 다 팔아도 살 수가 없는 가치 있는 존재들이 바로 우리다. 아버지의 사랑이 아니고서는 어찌 우리가 이 가치를 깨닫겠는가?

> 내가 그들과 함께 있을 때에 내게 주신 아버지의 이름으로 그들을 보전하고 지키었나이다 그 중의 하나도 멸망하지 않고 다만 멸망의 자식뿐이오니 이는 성경을 응하게 함이니이다
> (요 17:12)

이 존귀함은 보전된다. 하나님은 절대로 우리를 잃어버리지 않으신다. 잃어버리는 것이 불가능하시다.

고구마 전도 왕 김기동 목사님께서 하신 간증이다. 엄마 손잡고 부산에서 이것저것 구경하면서 한참을 가고 있다가 문득 엄마 얼굴을 보니 모르는 아줌마 손을 잡고 가고 있었다고 한다. 서로 놀라 어린 기동이는 울고불고 난리가 났다고 했다. 육신의 엄마는 실수할 수도 있지만 우리 하나님 아버지는 실수하지 않으신다. 우리를 가슴에, 손에 새기셨기에 우리를 잃어버릴 수 없다.

전도하다 보면 교회에 대해서 다 아는 것처럼 이야기하는 사람들이 많다. '교회 20년 다녀 봤는데 맨날 헌금이나 내라고 하고, 맨날 돈, 돈, 돈, 하더라.'라고 이야기들을 한다. 물론 그런 상처를 주는 교회도 분명히 있다고 생각한다. 그러나 그들은 진정한 교회를 발견하지 못한 채 20년 동안 종교 생활을 한 것이다.

어떤 사람은 이렇게 이야기한다. '하나님, 예수님은 좋지만 교회는 싫다. 교회는 안 나가지만 하나님은 믿는다'라고 말한다. 함께 교회로 모이지 않으면서 잘 믿는 사람들은 있을 수 없다. 교리상으로, 성경적으로 불가능하다.

교회라는 것은 예수 그리스도 안에 회복된 공동체를 의미한다. 예수님의 몸을 이루는 것이다. 물론 지상의 교회는 완전하지 않다. 그러나 예수님께서 다시 오실 때 영화로운 교회로 온전히 성취될 것이다.

예수님께서 '그중의 하나도 멸망하지 않고 다만 멸망의 자식뿐이오니(요 17:12).'라고 하셨다. 종교 생활하다가 종교를 떠난 것이지 예수님과 한 몸을 이뤘다가 떠난 것이 아니다. 예수님과 진정한 한 몸을 이룬 사람은 떠날 수 없다. 아버지의 사랑은 절대로 버리지 않고 끊을 수 없는 신실한 사랑이다.

> 하나님께로부터 나신 자가 그를 지키시매 악한 자가 그를 만지지도 못하느니라 (요일 5:18)

> 언제나 하나님의 사랑의 울타리 안에서 살며
> (유 1:21. 현대어성경)

아버지의 사랑 안에 있으면 보호받는다. 적극적으로 지키고 보호하신다.

> ³주를 향하여 이 소망을 가진 자마다 그의 깨끗하심과 같이 자기를 깨끗하게 하느니라 ⁴죄를 짓는 자마다 불법을 행하나니 죄는 불법이라 (요일 3:3-4)

멸망할 자식들과 멸망하지 않는 자식들의 특징은 다르다. 멸망하지 않는 아버지의 자녀들은 소망을 가졌고 하나님의 깨끗하심과 같이 자기를 깨끗하게 한다. 계속해서 성결함으로 나아간다. 그리스도인의 삶

• 그 사랑에 담다.

이 성화의 과정이다. 끊임없이 푯대를 향하여 나아가는 것이다.

예수님을 믿은 지 10년, 20년이 지났음에도 하나도 달라진 것이 없다면 아주 잘못된 신앙이다. 계속해서 하나님의 깨끗하심 가운데로 나아가야 한다. 사랑 안에서 행한다는 것은 사랑 안에 있다는 증거다. 죄 안에서 행한다는 것은 여전히 죄 가운에 있다는 증거다. 내가 여전히 죄 가운데 있으므로 불법을 행하는 것이다.

'약함'과 '악함'은 차이가 있다. 약해서 그런 것과 악해서 그런 것은 다르다. 목회하면서 저 사람이 약한 것인지, 악한 것인지 판단해야 할 때가 있다. 악한 것을 계속해서 약한 것으로 잘못 오해를 하게 되면 그 악함은 결국 쓴 뿌리가 되어 공동체 자체를 파괴한다. 자기만 죽는 것이 아니라 자기 주변의 연약한 자녀들까지 치명적이고 심각한 문제를 초래한다. 그래서 공동체 안에서 어떤 문제가 악함으로 인한 것인지, 약함으로 인한 것인지 분명히 분별해야 할 필요가 있다.

약함은 반복되는 죄로 나아가지 않는다. 왜냐하면 심령이 가난한 자는 스스로 약함을 깨닫고 주님 앞에 굴복하게 되기 때문이다. 이것은 결국 겸손으로 나타난다. 그러나 악함은 적극적인 교만함으로 나타난다. 그래서 끝까지 악한 자들이 있다. 그런 자들은 절대 인정하지 않고 끝까지 감추고 점점 더 악으로 빠진다. 결국 패망한다. 그러나 약함은 반드시 돌이켜 회개에 이르게 한다.

구약에서는 유대인들은 하나님을 '아버지'라고 부르지 않았다. 하나님께서 '나는 너의 아버지가 아니더냐.' 하시면서 '아버지와 같이'. '아버지처럼' 이렇게 표현해서서 '아버지'라는 단어를 기록했지만 유대인들은 하나님을 아버지라고 부르지 않는다. 감히 부를 수가 없었다. 그렇기에 하나님을 아버지라 부르는 예수님을 보았을 때 유대인들은 예수님을 죽이려고 했다. 아버지라고 부른다는 것은 '나는 하나님과 동등하다.'라는 의미가 있다는 인식이 있으므로 예수님께서 하나님을 아버지라고 부르는 행위는 신성모독에 해당되는 것이었다. 그들은 하나님을 아버지라고 감히 부를 수도 없었고 표현할 수도 없었다.

그 모든 것들을 뛰어넘게 하신 것이 바로 자기 육체를 찢어버림으로 인해서 아버지께로 나아가는 길을 열어주신 예수 그리스도의 놀라운 사랑이다.

• 그 사랑에 담다.

> 중요한 것은 '내가 연약하다'라는 것,
> 내가 하나님 아버지의 도움 없이 살 수 없다.
> 하나님이 아니면 한걸음도 나갈 수 없는
> 그런 광야의 삶
> 그래서 하나님을
> 더 의지하고,
> 더 찾고,
> 더 의존해야 한다.

Chapter 1

아버지 사랑 내가 노래해
_세 번째 이야기

예수님은 하나님 아버지가 누구이신지를 온전히 계시해 주시는 분이시다. 그리고 예수님께서는 약속하신 성령을 교회 가운데 보내주셨고 성령으로 말미암아 성령 공동체가 세워졌다. 이 성령 공동체가 예수 그리스도의 몸 된 교회다.

하나님께서는 우리 영혼의 아버지이시다. 우리의 기도를 들으시는 하늘에 계신 아버지이시며 분명한 우리 기도의 대상이시다. 우리는 기도할 때 성령의 감동을 받아 예수의 이름으로 한다. 이렇게 성부, 성자, 성령의 사역은 우리의 기도 가운데에서도 완전한 연합으로 일하시는 것을 경험할 수 있다. 성부께서 우리를 창조하셨고, 양육하시고, 보호하시고, 통치하시고, 다스리는 차원에서 우리 아버지이시다.

1) 창조자, 양육자, 보호자, 통치자의 의미로서 아버지이시다.

> 하나님이 자기 형상 곧 하나님의 형상대로 사람을 창조하시되 남자와 여자를 창조하시고 (창 1:27)

하나님 아버지는 우리를 창조하신 분이시다. 우리는 하나님을 닮았다. 우리가 하나님을 닮아서 하나님도 우리를 보실 때 너무나 기뻐하신다.

우리 아들은 예정일보다 3주 일찍 수술해서 태어났다. 엄마는 마취상태라서 태어난 아이를 못 보고 내가 먼저 아들을 봤다. 아들은 손가락을 꼬무락 거리고 있었고, 피부에는 허연 것이 덕지덕지 붙어 있고, 배꼽은 툭 튀어나와 있고, 하얀 천에 싸여 있는데 영화나 드라마에서 보는 그런 미소가 담긴 생글생글한 모습은 전혀 아니었다. 사실은 눈도 잘 못 뜨고 젖어있는 그런 상태였다. 그럼에도 불구하고 참으로 신비로웠다. 창조주 하나님의 놀라운 신비를 보게 되었다. 부부간의 사랑 가운데 새로운 생명을 주시는 하나님의 섭리가 정말 위대했다.

> 어리석고 지혜 없는 백성아 여호와께 이같이 보답하느냐 그는 네 아버지시요 너를 지으신 이가 아니시냐 그가 너를 만드시

고 너를 세우셨도다 (신 32:6)

하나님께서 우리를 만드시고 지으셨다. 우리를 낳으셨다.

주는 우리 아버지시라 아브라함은 우리를 모르고 이스라엘은 우
리를 인정하지 아니할지라도 여호와여, 주는 우리의 아버지시라
옛날부터 주의 이름을 우리의 구속자라 하셨거늘

(사 63:16)

구속자救贖者, redeemer라는 단어는 '가까운 가족을 보호한다.'라는 의미도 있고 '소유한다. 구속자다. 너는 내 것이라.'라는 뜻도 있다. 우리가 하나님의 것이기에 하나님은 우리를 보호하신다. 룻기서를 보면 보아스를 통해 룻이 보호를 받는다. 그가 그녀를 보호한다. 다치지 않도록, 생계를 이어가도록 보호하고 이끌어 준다. 이 단어가 구속자라는 의미를 포함하고 있다. 하나님 아버지께서 우리를 그렇게 구속하신다. 우리를 소유하고 보호하는 분이시다. 하나님께서는 우리의 아버지이시기 때문이다. 이 사실이 우리의 인생에 얼마나 유익한 것인지 알아야 한다.

하나님을 아버지라고 믿고 신앙생활 잘하고 있다고 생각했는데 육신의 아버지가 안 계시니까 '하나님이 나의 아버지십니다.'라고 고백하며 당당하게 살다가 일상 속에서 누군가가 '아버지'라고 정말 친밀하

게 부를 때 깜짝 놀랐다고 앞서 말한 적이 있다. 육신의 아버지는 초등학교 5학년 때 해외를 나가셨고 해외 나간 상태에서 중학교 1학년 때에 돌아가셨다. 그 당시 처음 하나님께서 아버지라는 이야기를 들었을 때 물질만능주의 사회에 물든 미성숙한 청소년이었기에 여전히 보이지 않는 존재를 믿는 것이 어려웠다.

그러나 복음을 받아들이고 난 후 보이지 않기 때문에 더 안전하고 보이지 않기 때문에 상황에 얽매이지 않고 어떤 환경 속에서도 하나님께서 나와 함께 계심을 오히려 믿을 수 있었고 오늘도 그런 믿음의 눈으로 날마다 새로운 아침을 맞이하게 되는 축복을 누리고 있다.

하나님께서 오늘도 우리에게 말씀하신다. '너는 내 아들이야 그래서 너는 나의 것이야. 누가 감히 나의 것에 손을 대는가!'

구약의 제사장들도 죄가 있는 상태에서 지성소에 들어가면 죽음을 면치 못했다. 하나님의 거룩한 보좌 앞에 죄가 있는 상태로 함부로 들어갈 수 없다는 것이다. 블레셋 사람들이 여호와의 법궤를 끌고 가서 자기네들 우상 단지인 다곤 신상 앞에 법궤를 갖다 놓자. 하나님의 거룩함 앞에서 이 우상은 정말 비참한 모습으로 무너졌다. 그 우상의 목과 팔다리가 다 부러지고 몇 조각으로 나누어지는 일이 벌어졌다. 블레셋 사람들이 우상 숭배하는 곳 안에서 벌어진 일이었다. 그 신당 안에서 하나님의 거룩함은 감추어질 수 없었다.

이것이 하나님의 거룩한 영광의 능력과 권세이다. 하나님께서 우리에게 거룩하다고 말씀하셨고 '너는 내 것이다. 그러므로 내가 거룩하니까 너도 거룩하다.'라고 하실 때는 그러한 하나님의 거룩한 영광의 능력과 권세가 우리에게 주어진다는 것이다.

하나님께서 우리를 거룩하게 하셨다. 왜냐하면 하나님의 소유이기 때문이다. 오늘 이러한 당당함이 우리 가운데 있기를 바란다. 그냥 이론과 지식이 아니라, 머릿속에만 머물고 있는 것이 아니라 이것은 현실이고, 진리임을 경험할 수 있기를 바란다. 우리는 그 하나님 아버지의 거룩함을 흡수한 자들이다. 거룩하지 않았던 우리를 하나님의 아버지께서 '거룩하다.'라고 칭하셨기 때문에, 거룩한 영이 우리 가운데 임하셨기 때문에 우리가 거룩한 하나님의 자녀요, 하나님의 소유가 된 것이다.

2) 우리를 존재하게 하신다는 의미에서 그는 아버지이시다.

> 썩을 양식을 위하여 일하지 말고 영생하도록 있는 양식을 위하여 하라 이 양식은 인자가 너희에게 주리니 인자는 아버지 하나님께서 인치신 자니라 (요 6:27)

> [31]그러므로 염려하여 이르기를 무엇을 먹을까 무엇을 마실까 무엇을 입을까 하지 말라 [32]이는 다 이방인들이 구하는 것이라 너희 하늘 아버지께서 이 모든 것이 너희에게 있어야 할 줄을 아시느니라 (마 6:31-32)

하나님을 '아버지'라고 부를 수 있는 것은 '우리를 존재하게 하신다.' 라는 의미이다. 육신의 아버지가 없었다면 이 땅에서 나도 없는 것처럼 비록 아버지가 일찍 돌아가셨다 할지라도 아버지가 역사 속에 존재했기에 나도 존재하는 것이다.

다시 말해 하나님으로 인해서 내가 존재한다는 것이다. 그분이 나를 영적 존재로 지으시고 그분이 나를 영원히 살 수 있도록 하신 것이다.

하나님께서 우리를 존재하게 하신다. 그래서 우리의 존재가 소중하다. 나의 존재가 소중하다는 것을 아는 사람은 형제와 자매들, 가족들의 존재도 소중하게 여길 줄 알아야 한다.

3) 그분의 성품이 우리의 아버지이시다

> 이스라엘이 어렸을 때에 내가 사랑하여 내 아들을 애굽에서 불러
> 냈거늘 (호 11:1)

애굽은 어두움의 땅, 죄악의 땅을 의미한다. 애굽은 구원받기 이전의 상태를 상징한다. 하나님께서 우리를 사랑하기 때문에 그러한 땅에서 불러내셨다.

> [29]요셉이 그의 수레를 갖추고 고센으로 올라가서 그의 아버지 이
> 스라엘을 맞으며 그에게 보이고 그의 목을 어긋맞춰 안고 얼

• 그 사랑에 담다.

마 동안 울매 ^{30}이스라엘이 요셉에게 이르되 네가 지금까지 살
아 있고 내가 네 얼굴을 보았으니 지금 죽어도 족하도다

(창 46:29-30)

잃어버렸던 아들 요셉을 야곱이 만나는 장면, 얼마나 감격적인가! 이 말씀에서 야곱을 이스라엘이라고 기록하고 있다. 야곱이 공적으로 자신의 이름을 사용할 때는 이스라엘이라고 했다. 이 말씀에서 야곱이 지금 애굽으로 내려오고 있는 것은 공적인 것임을 알 수 있다. 즉, 이스라엘이라는 공동체의 대표성을 띠고 내려오는 것이다.

30절에 아버지가 아들인 요셉을 만날 때를 보면 '이스라엘이 요셉에게 이르되 네가 지금까지 살아있고 내가 네 얼굴을 보았으니 지금 죽어도 족하도다.' 죽어도 족할 정도의 이 기쁨! 죽었다고 생각했던 아들을 다시 만나는 장면이다. 이와 같이 하나님께서는 우리가 연약했을 때, 우리가 죄인 되었을 때, 우리가 원수 되었을 때, 아들을 십자가에 못 박혀 죽게 하신 일을 통해서 우리를 만나 주셨다.

내가 애굽 사람에게 어떻게 행하였음과 내가 어떻게 독수리 날개
로 너희를 업어 내게로 인도하였음을 너희가 보았느니라

(출 19:4)

그 당시 독수리는 팔레스타인 지역 하늘에서 가장 힘이 세고 적수가 없는 새라는 것을 의미한다. 그래서 독수리 날개는 하나님 아버지의

권능, 권세, 전능하심을 의미하고 우리를 업었다는 것은 그 날개로 하나님께서 '우리를 보호하신다.'라는 뜻이다.

4) 예수님을 통해서만 하나님이 우리의 아버지가 되신다.

> 예수께서 이르시되 내가 곧 길이요 진리요 생명이니 나로 말미암지 않고는 아버지께로 올 자가 없느니라 (요 14:6)

'나로 말미암지 않고는….' 예수님의 이 말씀은 기독교 신앙의 가장 본질적인 기준이다. 우리가 하나님을 아버지라 부를 수 있는 것은 하나님께서 우리를 자신을 닮은 형상으로 지으셨기 때문만이 아니라, 죄로 인해 하나님과 분리된 상태로 영원히 존재할 수밖에 없는 우리를 예수님께서 대신 죽으심으로 우리를 하나님의 자녀로, 우리는 하나님을 아버지로 부를 수 있게 된 것이다.

다시 말해 예수님을 초월해서는 하나님의 자녀가 될 수 없다. 예수님은 우리가 하나님 아버지께 돌아가는 길이요 변치 않는 진리이시고 죽었던 우리에게 생명을 주셔서 하나님과 영원히 함께 살도록 하셨다.

5) 하나님을 아버지라 부를 수 있는 것은 그 분의 '사랑' 곧 '은혜' 때문이다

• 그 사랑에 담다.

하나님 아버지의 사랑이 우리를 구원하신 것이다.

> ¹⁵너희는 다시 무서워하는 종의 영을 받지 아니하고 양자의 영을 받았으므로 우리가 아빠 아버지라고 부르짖느니라 ¹⁶성령이 친히 우리의 영과 더불어 우리가 하나님의 자녀인 것을 증언하시나니 (롬 8:15-16)

아빠, 아버지. 예수님께서 겟세마네 동산에서 '아바, 아버지여'라며 '아빠'라는 단어를 쓰셨다. 'Abba아바, 아빠'는 아람어인데 일상에서 아빠를 부르는 단어다. 예수님께서는 어떤 예식이나 아주 중요한 형식을 갖춘 히브리어를 사용하신 것이 아니라 일상적인 단어인 '아바'를 사용하셨다. 이 표현은 진정한 친밀감에서 오는 하나님 아버지의 온전한 뜻 가운데 순종하고 순복하는 관계에서의 그런 아빠를 표현한 것이다. 예수님께서 '아빠'라고 표현한 그 의미는 하나님과 친밀하기 때문에 그분의 뜻을 온전히 순종하고 또 그분의 말씀에 고난과 죽음까지라도 '온전히 순종하겠다.'라는 뜻이다.

로마서 5장 6-10절의 말씀처럼 하나님은 우리가 연약했을 때, 우리가 죄인 되었을 때, 우리가 원수 되었을 때 우리를 사랑하셨다는 것을 잊지 말아야 한다. 정말로 자격이 없을 때 우리를 찾으신 것이다. 그래서 그 사랑은 은혜다. 상상할 수도 없는 고통스러운 십자가에서의 죽음, 심장이 파열됨과 손목과 발목에 못이 박힌 영원한 흔적을 남기신 놀라운 사랑이다.

  육신의 부모도 아이가 어릴 때는 스스로 할 수 없고 도움을 주지 않으면 아무것도 할 수 없는 상태가 있다는 것을 알고 있다. 아이가 기저귀를 갈아 주고 있는 아버지 얼굴에다가 오줌을 싸도 '어디서 이 자식이….' 하며 혼내지 않는다. 아버지는 그런 미성숙한 아이가 도움을 받아야 한다는 것을 알고 있다. 얼마든지, 무엇이든지 자녀를 위해 희생하고 도움을 주는 존재, 그가 아버지이다.

  하나님께서는 우리가 연약한 상태로, 있는 그대로 나오라고 하신다. 하나님 아버지는 우리가 얼마나 연약한 존재인지를 아신다. 중요한 것은 '내가 연약하다.'라는 것, 내가 하나님 아버지의 도움 없이 절대 살 수 없다는 것이다. 하나님이 아니면 한 걸음도 나아갈 수 없는 그런 광야의 삶 그래서 하나님을 더 찾고 의존해야 한다. 하나님 아버지가 그것을 더 원하신다. 하나님만 의지하게끔 우리를 훈련시기 위해 우리를 광야로 보내신 것이다.

> 만군의 여호와여 주께 의지하는 자는 복이 있나이다 (시 84:12)

  그를 의지하자. 내가 연약한 존재인 것을 느끼자. 연약하기 때문에 더 하나님이 필요하다고 고백하자. 아빠 없는 사람처럼 영적 고아로 살지 말자. 담대하게 하나님이 우리의 아빠 아버지이심을 믿고, 항상 우리와 동행하시고, 함께 하시고, 그의 소유된 자녀임을 누리고 그

• 그 사랑에 담다.

분 앞에 더 적극적으로 나아가기를 주저하지 않는 아버지의 자녀들이
되자.

6) 하나님께서 아버지이시기 때문에 자녀를 책망하신다.

⁵또 아들들에게 권하는 것 같이 너희에게 권면하신 말씀도 잊었도다 일렀으되 내 아들아 주의 징계하심을 경히 여기지 말며 그에게 꾸지람을 받을 때에 낙심하지 말라 ⁶주께서 그 사랑하시는 자를 징계하시고 그가 받아들이시는 아들마다 채찍질하심이라 하였으니 ⁷너희가 참음은 징계를 받기 위함이라 하나님이 아들과 같이 너희를 대우하시나니 어찌 아버지가 징계하지 않는 아들이 있으리요 ⁸징계는 다 받는 것이거늘 너희에게 없으면 사생자요 친아들이 아니니라 (히 12:5-8)

부모로부터 꾸지람만 받으면 마음에 시험 드는 사람들이 있다. 죄는 죄고 잘못한 것은 잘못한 것인데 부모가 자녀들에게 훈계하지 않는다면 마냥 좋은 아빠, 엄마로 인식될 수 있다. 그런데 마냥 좋은 부모는 긍정적인 부분에서 결코 좋은 부모는 아니다. 분명히 그 경계를 정해주는 것이 중요하다. '주의 징계하심을 결코 경히 여기지 말라 꾸지람을 받을 때 낙심하지 말라(히 12:5).'라는 말씀처럼 우리가 혹시 인생 중에 꾸지람 속에 있다고 생각된다면 그것은 지금 하나님께 책망받

고 있는 중이다.

그러나 낙심하지 말자. 그 책망은 사랑의 또 다른 표현이다. 하나님께서 우리를 사랑하시기 때문에 꾸짖으신 것이다. 오히려 그 사랑 가운데 있음을 기뻐하고 더욱 아빠 아버지께 가까이 나아가는 기회로 삼아야 한다.

> 징계는 다 받는 것이거늘 너희에게 없으면 사생자요 친아들이 아니니라 (히 12:8)

징계가 없다면 사생자요, 친아들도 아니다. 아들이라면 징계를 받는 것이 정상이다. 징계를 받는다는 것은 내가 아버지의 아들이라는 뜻이다. 거룩한 징계 가운데 아버지의 더 큰 사랑을 발견할 수 있다.

> 무릇 징계가 당시에는 즐거워 보이지 않고 슬퍼 보이나 후에 그로 말미암아 연단 받은 자들은 의와 평강의 열매를 맺느니라 (히 12:11)

징계를 받는 것은 슬프고 힘든 일이다. '후에 그로 말미암아 연단 받은 자들은 의와 평강의 열매를 맺는다.'(히 12:11)라고 말씀한다. 징계라는 연단을 통해서 더 단단해지는 것이다. 더 훈련되는 것이다. 마치 계급장을 하나씩 더 다는 것과 같다. 그래서 열매를 맺게 한다. 의로운 사랑의 징계를 통해서 성장하고 성숙해진다.

• 그 사랑에 담다.

가만히 생각해 보면 징계받는 가운데 마음에 계속 분노만 품고 '내가 크기만 해 봐라 집을 나가리라.'라고 생각한다면 그 징계가 전혀 연단이 되지 못한 것이다. 분노를 품을 때 틈이 생긴다. 그래서 바울은 '분노를 품지 말라. 하루를 지나도록 품고 있으면 안 된다.'라고 말했다(엡 4:26). '마귀에게 틈을 주지 말라.'라는 뜻이다(엡 4:27). 틈은 문과 문틀 사이에 있는 공간을 의미한다. 마귀에게 마음을 주거나 마귀가 활동할 수 있는 어떠한 공간을 내어 준다는 뜻이다. 분노는 용서하지 못함으로 생긴다. 용서를 안 하고 분노를 마음에 품으면 원수를 갚으리라는 생각이 되고 만다.

하나님께서 우리 아버지이시기에 우리는 하나님의 자녀다. 자녀이면서 하나님 아버지의 상속자가 된다. 비유하자면 영적 상속자란 옥탑방에 월세 내고 사는 재벌 3세 정도로 생각하면 된다. 앞으로 부모의 모든 재산을 상속할 재벌 3세라서 옥탑방에 월세 내고 사는 것이 그렇게 힘들어 보이거나 불쌍해 보이지 않는다. 오히려 멋있게 보일 수도 있다. 상속자라는 것은 그런 의미이다. 하늘의 상속자들이여, 어깨 펴고 당당하자!

7) 아버지의 최고의 기쁨은 자녀가 돌아오는 것

[21]아들이 이르되 아버지 내가 하늘과 아버지께 죄를 지었사오

니 지금부터 아버지의 아들이라 일컬음을 감당하지 못하겠나이다 하나 22아버지는 종들에게 이르되 제일 좋은 옷을 내어다가 입히고 손에 가락지를 끼우고 발에 신을 신기라 23그리고 살진 송아지를 끌어다가 잡으라 우리가 먹고 즐기자 24이 내 아들은 죽었다가 다시 살아났으며 내가 잃었다가 다시 얻었노라 하니 그들이 즐거워하더라 (눅 15:21-24)

헬라어에 아들이라고 칭할 때 아들을 의미하는 두 단어가 있다. 하나는 'τέκνον 테크논, 자녀, 아이'이라는 단어고, 다른 하나는 'υἱός 휘오스, 아들'라는 단어다.

탕자의 이야기에서 집 안에 있는 탕자가 있고 집 밖에 있는 탕자가 있다. 집 안에 있던 탕자는 형이다. 그리고 분깃을 먼저 받고 집을 나간 탕자는 동생이다. 그런데 흥미로운 것은 아버지가 두 아들을 부를 때 다른 단어를 쓴다. 집을 나갔다가 돌아온 아들을 '아들아~'라고 부를 때는 'υἱός 휘오스, 아들'로 불렀다. '휘오스'라는 단어는 로마서 8장 14절에서 '하나님의 영으로 인도함 받는 하나님의 아들'이라고 할 때 사용했다.

그런데 형을 부를 때는 'τέκνον 테크논, 자녀, 아이' 이란 단어를 사용했다. 출생과 일반적인 혈연적 관계에서는 'τέκνον 테크논, 자녀, 아이'이라는 단어를 사용한다. 이 단어는 미성숙한, 성숙하지 않은 그냥 아이들을 부를 때도 쓰는 단어다. 다시 말해 오히려 집안에 있었던 형이 더 성숙하지 않았다는 것이다. 집 안에 있었던 형이 얼마나 미성숙한 아들이었는지…. 아버지는 '애야, 이 철딱서니 없는 애야.' 이런 표현을 사용했다.

오히려 집을 나갔다가 온갖 고생 끝에 돌아온 탕자는 아버지의 환영을 받고, 송아지를 잡아 잔치하고 가락지를 끼워 주었다. 이 얼마나 소중한 아들인지를 보여 주고 있다. 바로 우리가 하나님의 휘오스다. 하나님 아버지는 우리를 위해서 잔치를 베풀고 손가락에 반지를 끼워 주셨다. 이것은 관계다. 하나님 아버지와 나와의 관계의 상징으로 약속의 반지를 끼워 주신 것이다. 그리고 약속하신다.

"너는 나의 자녀다."
"내가 너를 돌볼 것이고 너는 나의 소유다."
"내가 너와 함께 할 것이다."

8) 사랑을 모르면 아버지를 모른다.

> 보라 아버지께서 어떠한 사랑을 우리에게 베푸사 하나님의 자녀라 일컬음을 받게 하셨는가 우리가 그러하도다 그러므로 세상이 우리를 알지 못함은 그를 알지 못함이라 (요일 3:1)

어떠한 사랑을 우리에게 베푸셨는가를 잊지 말자. 세상은 이 사랑을 모른다. 교회 다니며 신앙생활한다고 하면서도 이 사랑을 잘 모르는 이들이 있다. 이들은 아직 세상에 속한 자들이다. 세상에 속해 있기 때문에 이 사랑을 모르는 것이다. 이 사랑이 계시가 안 된 것이다. 이 사랑이 얼마나 소중하고 귀한 사랑인지를 모른다면 교회를 그냥 몸만 오가며 그냥 출석하는 이들이다. 이 사랑은 세상이 알 수 없는 사랑이다.

> 사랑하지 아니하는 자는 하나님을 알지 못하나니 이는 하나님은 사랑이심이라 (요일 4:8)

성경은 '하나님은 사랑이시라.'라고 말씀한다. 그런데 세상은 '사랑은 하나님이다.'라고 거꾸로 얘기한다. 진리를 벗어나 생명이 없는데도 사랑 타령하고 있다. 물에 빠진 사람을 물에서 건져 내는 것이 진정한 구조이고, 구원이고, 사랑이다. 물에 빠진 사람에게 빵을 갖다주며 집이 불타고 있는데 '김밥 좀 드세요.'라고 말하며 사랑을 베풀었다라고 한다. 이것이 세상 방식의 사랑이다. 일용할 양식을 절대 무시하는 것이 아니다.

예수님의 십자가가 없는 사랑으로는 영혼의 구원이 없다. 그래서 우리의 사랑은, 우리의 구제는 예수 그리스도와 함께 그들에게 필요 적절한 도움을 나누어 주는 것이다. 그것이야말로 진정한 사랑이며 구제다. 하나님께서 우리가 사랑받을 수 없는 상태에 있을 때 우리를 먼저 사랑하셨다. 이 사랑을 깨달았다면 누군가 사랑이 필요할때 적극적으로 사랑해야 한다.

9) 사랑은 어떠한 상황에서도 의심하지 않는다.

> 그가 나를 죽이시리니 내가 희망이 없노라 그러나 그의 앞에서 내 행위를 아뢰리라 (욥 13:15)

이 구절은 해석하기 쉬운 구절이 아니다. 의로운 욥에게 '희망이 없다.'라는 표현이 어울리지 않기 때문이다. 그러나 우리가 하나님처럼 욥의 의로움을 신뢰한다면 오히려 그의 이 낙심은 모든 생명의 주인 되신 하나님을 절대적으로 인정하는 표현임을 알게 될 것이다. '(당신들의 말대로) 하나님이 날 죽이신다면 그것은 절대 바꿀 수 없는 결정일 것이다.'

처절한 고난을 뒤집어쓰고 있는 욥의 현 상태는 누가 봐도 당장 죽어도 이상하지 않을 정도로 처참하지만 하나님을 향한 욥의 마음은 놀랍다. '그의 앞에서 내 행위를 아뢰리라.' 이 부분을 쉬운성경으로 참고하자면 '나는 그분을 믿고 내 주장을 굽히지 않을 걸세.'라고 표현된다.

'그분을 믿고!' 의로운 욥에게 신앙은 그가 하나님을 믿는가의 문제라기보다는 하나님께서 그를 믿는가의 문제였다. 이것이 자신의 주장을 굽히지 않은 이유다.

아~ 감동! 욥은 친구들의 궤변으로 흔들릴 법도 한데 '하나님 제 마음 아시죠? 아시잖아요. 저 진짜 다 맡길게요. 죽이신다 해도 다 받아들일게요. 그러나 나의 진심만은 믿어주세요.'라고 말한다.

『교회 오빠』라는 영화를 보면 이관희 집사는 말기 대장암으로 투병하는 가운데 마약성 진통제를 끝까지 거부하면서까지 하나님의 선하심을 부정하지 않는다. 누구나 이 영화를 볼 때마다 도전을 받을 것이다. 나는 이 세상에 욥과 같은 인물은 아마 없을 거라고 생각 했는데 이 영화를 보면서 욥과 같은 믿음의 사람이 있다는 것을 발견했다. 그것은 하나님의 어떠함 앞에서 나오는 우리의 반응이다. 내 안에서 선한 것이 나오는 것이 아니라 하나님의 변함없고, 거짓 없고, 성실하신 그 사랑 때문에 그 사랑을 믿는 믿음 안에서 나오는 고백이다.

　어떤 환경에서도, 어떤 상황에서도 그 사랑이 얼마나 안전하고, 그 사랑이 확실하고, 그 사랑이 변하지 않고, 그 사랑이 진정 성실한지를 어떤 의심도 없이 그 사랑 안에서 진정한 평강을 누리고 진정한 안식을 충분히 누릴 수 있는 우리는 하나님 아버지의 다시 돌아온 자녀, 휘오스다. 우리 모두가 언제나 아버지를 신뢰함으로 성장하고, 연단 받고 더 단단해지는 아들이 되기를 바란다.

> 은혜의 통치가 벌어질 때
> 은혜가 우리 삶을 이끌고 가는 일이 벌어진다.
> 이것은 살아내는 것이 아니라 살아지는 것이다.
> 내 의지가 아니다.
> 은혜의 통치가,
> 은혜의 지배가
> 우리의 삶을 변화 시킨다.

Chapter 2

아버지 은혜 내가 노래해
_첫 번째 이야기

"⁸너희는 그 은혜에 의하여 믿음으로 말미암아 구원을 받았으니 이것은 너희에게서 난 것이 아니요 하나님의 선물이라 ⁹행위에서 난 것이 아니니 이는 누구든지 자랑하지 못하게 함이라"
(엡 2:8-9)

이신칭의以信稱義, justification by faith 교리가 있다. '믿음으로 말미암아 의롭다 하심을 얻는다.'라는 뜻이다. 의롭게 된다는 것은 행동으로써 쟁취되는 것이 아니라 주어지는 것이다. 칭의는 한마디로 값없이 주시는 하나님의 은혜다. 우리가 구원받는 근거는 우리 자신 안에서는 어떤 공로로 인하여 이루어지는 것이 아니기 때문에 자랑할 것이 없다.

절대적으로 거저 주어지는 하나님의 은혜다.

　우리는 이 생애를 살아가면서 엄청난 선물을 받은 주인공이다. 아무리 귀한 선물을 받았다 할지라도 그것들을 구원과 바꿀 수는 없다. 이 생각만 해도 가슴이 두근거린다. 어린아이들은 자기 생일만 다가와도 한 달 전부터 받을 선물에 대해 설레고, 흥분되고, 신나 한다. 그런데 나이가 들면 가슴 뛰는 것도 없고 설레는 것도 없어진다. 우리의 영혼은 날마다 새로워져야 한다. 하나님의 가장 위대한 선물을 받은 자들로서 가슴이 뛰어야 한다.

　아내와 결혼을 앞두고 기도의 시간을 가졌다. 40일 작정 철야기도를 하는 첫날, 하나님의 음성이 강력하게 주어졌다. '백은혜, 이 사람이 하나님께서 저에게 주신 여인입니까?'라고 기도했을 때 '아들아, 선물이니 받아라!' 하나님의 음성이셨다. 은혜의 선물을 받았다.

　은혜는 내 삶의 왕이다. 나는 은혜의 통치를 받는다. 여기에 영성의 비밀이 있다. 진정한 영성의 고수는 은혜의 깊이를 아는 사람이다. 그런 사람이 진정한 영성의 소유자다.

　최근에 천재 성악가로 알려진 노종윤 존 노, John Noh 이라는 친구가 '그 사랑' 찬양을 부르면서 눈물을 쏟아 내는 것을 유튜브 영상에서 보았다. 그 모습을 보면서 가슴이 뜨거워졌다. '이 친구가 이 가사의 의미를 너무도 잘 아는구나.' 아마도 그 찬양을 부르면서(실제로는 우느라고 한 소절도 부르지 못했다.) 자기의 인생 속에서 역사하신 하나님의 은

• 그 사랑에 담다.

혜가 주마등처럼 스쳐 지나갔을 것이다.

누구든지 지금 이 은혜를 잊고 있다면 영적으로 아주 위험한 상태의 살얼음판을 걷고 있는 것과 같다. 교만에 빠지면 은혜를 잊어버린다. 종교화가 되어 버린다. 더 이상 변화되지 않고 성장하지도 않는다. 코로나19로 인해 우리의 영혼을 딱딱하게 만들어버리는 일이 없기를 바란다. 우리의 영혼이 성령 안에서 부드러워지기를 소망한다.

어떤 대학교에서 5 대 5 미팅하기로 했다. 남자 모델 5명, 여자 모델 5명. 그런데 여자 모델 중의 한 명이 펑크를 냈다. 숫자를 맞춘다고 역도부에서 급하게 한 명을 데려왔다. 역도부 여학생은 겨우겨우 억지로 끌려 나갔다. 그곳에는 너무 멋진 남자 모델들이 나와 있었다. 여자 모델들도 다 너무 예뻤다. 그런데 본인만 오징어 같은 느낌을 받았다. 자리에 앉자 얼굴에서 광채가 나는 남자 한 명이 따뜻한 눈으로 자기만 쳐다보는 것이었다. '나를 동정하는 것인가? 괜한 기대감을 버리자.' 하고 마음을 내려놓았다. 그런데 파트너를 정할 때 그 남학생이 역도부 여학생을 선택했다. 둘은 그날 바로 사귀기로 했다. 역도부 자매는 그날 모든 데이트 비용을 본인이 다 냈다. 전혀 아깝지 않았다.

위의 글은 삭개오 본문을 현대판으로 각색해 본 것이다. 삭개오 이야기를 통해서 '은혜의 영광'을 생각해 본다. 삭개오란 이름은 '순진한'이라는 뜻이다. 그는 세리장이며 부자였다. 유대인에게 세리란 어떤 존재인지에 대해 다음과 같이 설명했다.

'신약의 세금 징수원세리은 배반자나 배교자, 즉 이교인들과 자주 교제하여 더러워졌고 압제자들의 자진적인 도구처럼 여겨졌다. 그들은 죄인들, 창녀들, 이교도들과 동급으로 분류되었다. 단정한 생활을 하는 사람들은 그들로부터 떠나 있었으며 그들끼리 버려졌으므로 오직 자기들처럼 버림받은 사람들 가운데서 친구나 어떤 벗도 찾을 수 없는 외톨박이였다.'

_'맥클린톡'과 '스트롱' 공편,「백과사전」, 제8권 769면

삭개오는 요즘 말로 하면 왕따였고 외톨이 인생이며 키가 매우 작은 인물이었다. 수많은 군중 사이에서 키가 작아 아무것도 할 수 없었다. 그러나 예수님에 대한 소문을 듣고 그분을 보고 싶은 큰 갈망이 있었다. '나도 만나고 싶다. 어떻게 하면 나의 이 목마름을 해결할 수 있을까?' 애써 많은 돈을 가지고 위로받고 남들에게 큰 소리도 쳐보고 했지만 자기 안에 있는 이 갈망은 도저히 해결되지 않았다. 예수님께서 지나가신다. 너무 보고 싶은 마음에 주변을 둘러보는데 뽕나무가 보인다. 올라간다. 적극적인 반응이다.

우리 안에 주님을 향한 갈망이 있는가? 뽕나무 위에라도 올라가서 주님을 만나기를 원하는 갈망이 있는가? 최근에 예배를 시작할 때는 빈자리가 많다. 안타깝게도 찬양이 끝날 때쯤 자리가 채워진다. 예배 시작하기 전에 먼저 나와서 기도하고 은혜를 갈망하는 마음이 영적 뽕나무라고 생각해야 한다.

• 그 사랑에 담다.

> 예수께서 그 곳에 이르사 쳐다 보시고 이르시되 삭개오야 속히 내려오라 (눅 19:5)

예수님께서 말씀하신다. 수많은 군중 속에서 예수님의 눈은 삭개오를 향했다. 우리도 주님과 눈을 맞춰야 한다. 주님의 부르심에 순종해야 한다. 삭개오를 쳐다보신 예수님께서 '내가 오늘 네 집에 유하여야 하겠다.'라고 말씀하신다. 삭개오의 집에 예수님께서 들어오신다. 상상도 하지 못했던 일이다. 이것은 은혜다.
(묵어야)

> ⁵예루살렘의 아가씨들아, 내가 검어서 예쁘단다. 게달의 장막 같고 솔로몬의 휘장 같다는구나 ⁶내가 검다고, 내가 햇볕에 그을렸다고, 나를 깔보지 말아라. 오빠들 성화에 못 이겨서, 나의 포도원은 버려 둔 채, 오빠들의 포도원들을 돌보느라고 이렇게 된 것이다. (아 1:5-6. 쉬운성경)

예루살렘에 예쁜 아가씨들은 많이 있었다. 그러나 유독 얼굴이 검게 그을린 술람미 여인이 있었다. 비록 피부는 검지만 예쁘고 아름답다. 오빠들의 등쌀에 얼굴이 햇빛에 검게 그을린 여인, 상처투성이인 이 여인이 솔로몬의 마음에 들어왔다. 겉으로 보기에 볼품없는 이 여인이 유독 솔로몬의 눈에는 수많은 여인 가운데서 빼어나게 아리따운 여인으로 예쁘게 보였다.

나는 참으로 우울하고 열등감 덩어리였으며 심지어 염세주의에 빠진 유년 시절을 보냈다. 아버지께서 돌아가신 지 몇 주 정도 지난 후에야 사우디에서 한국으로 아버지의 시신이 돌아왔는데 집안 어르신들이 굳이 중학생인 나에게 장남이니 마지막 아버지의 모습을 봐야 한다고 하셨다. 이미 반 부패한 모습, 부검으로 인해 여기저기 꿰매어진 상태로 누워 있는 아버지의 시신을 보며 인생의 허무함을 중학교 1학년 때 알아버렸다. 인생살이가 너무도 허무하게 느껴졌다. 도대체 왜들 그리 아등바등하며 사는지….

그런데 그 우울감과 염세주의적 사상이 오히려 하나님을 찾게 만들었다. '하나님이 없으면 인간은 아무것도 아니구나! 인간은 하나님을 안 믿으면 결국 그저 썩어 없어지는 허무한 존재구나.'

죄가 더한 곳에 하나님의 은혜가 넘친다. 내가 부족하다면, 내가 연약하다면, 내가 열등감에 찌들어 있는 사람이라면 그것은 더 큰 하나님의 은혜를 누릴 기회다.

> [25]맑은 물을 너희에게 뿌려서 너희로 정결하게 하되 곧 너희 모든 더러운 것에서와 모든 우상 숭배에서 너희를 정결하게 할 것이며 [26]또 새 영을 너희 속에 두고 새 마음을 너희에게 주되 너희 육신에서 굳은 마음을 제거하고 부드러운 마음을 줄 것이며 [27]또 내 영을 너희 속에 두어 너희로 내 율례를 행하게 하리니 너희가 내 규례를 지켜 행할지라 (겔 36:25-27)

• 그 사랑에 담다.

예수님의 은혜로 이 모든 일이 오늘 삭개오에게 일어났다. 딱딱한 삭개오의 마음이 부드러워졌다. 그의 모든 죄를 정결케 하셨다. 그리고 율례를 지키고 행하게 하셨다. 이방 사람 나아만 장군도 요단강에서 일곱 번 씻을 때 깨끗해졌다. 문둥병은 심각한 죄를 의미한다. 일곱 번 씻었다는 것은 완전한 숫자로써 예수 그리스도의 보혈로 정결케 되었다는 것을 상징한다.

> ⁵예수께서 대답하시되 진실로 진실로 네게 이르노니 사람이 물과 성령으로 나지 아니하면 하나님의 나라에 들어갈 수 없느니라 ⁶ 육으로 난 것은 육이요 영으로 난 것은 영이니 (요 3:5-6)

영으로 다시 태어난 사람은 영이신 하나님과 소통하기 시작한다. 영으로 태어나지 않은 사람은 영의 일을 깨닫지 못한다. 아무리 똑똑한 사람이라도 영의 눈을 뜨지 않으면 그저 영적 장님이다. 예수님께서도 육으로 난 것은 여전히 육인데 영의 메시지를 전하면 어떻게 믿겠냐고 말씀하셨다.

> 내가 땅의 일을 말하여도 너희가 믿지 아니하거든 하물며 하늘의 일을 말하면 어떻게 믿겠느냐 (요 3:12)

하나님의 어떠한 메시지를 전해도 자신의 프레임에 갇혀있는 사람에게는 아무것도 들어오지 않는다.

스티로폼과 스펀지는 차이가 있다. 스티로폼은 물을 전혀 빨아들이지 않는다. 그래서 둥둥 떠다닌다. 그러나 스펀지는 물에 던져 놓으면 그대로 물을 흡수한다. 이것이 바로 영에 속한 사람과 육에 속한 사람의 차이점이다. 그래서 거듭나야 한다. 그리고 겸손해야 한다. 갈망해야 한다.

> 술 취하지 말라 이는 방탕한 것이니 오직 성령의 충만함을 받으라 (엡 5:18)

오직 주님만이 우리의 갈망을 채워주신다. 다른 것으로 채워졌으면 거기에는 아무것도 담을 수 없다. 잔에 다른 것을 잔뜩 채우고 와서 '부어주소서.'라고 말해 봤자 소용없다.

> 또 새 영을 너희 속에 두고 새 마음을 너희에게 주되 너희 육신에서 굳은 마음을 제거하고 부드러운 마음을 줄 것이며 (겔 36:26)

> …그런즉 이제는 내가 사는 것이 아니요 오직 내 안에 그리스도께서 사시는 것이라… (갈 2:20)

교회 다닌다고 모두 그리스도인은 아니다. 그리스도인은 새 마음, 새 영을 받은 사람들이다. 우리의 육신이 죄 가운데서 빠져있을 때를 어릴 적 동네 문방구 앞에서 놀았던 두더지 게임을 통해서 생각해 보자.

• 그 사랑에 담다.

두더지 머리가 툭툭 튀어나오듯 미움, 다툼, 시기, 질투, 불평, 불만, 탐욕이 올라올 때 은혜와 성령의 방망이로 때려야 한다. 인정사정 보지 말고 그냥 열심히 믿음으로 때리고 두드려야 승리한다.

은혜는 강하다. 무엇보다 크다. 그래서 은혜가 통치한다. 은혜는 지배한다. 은혜는 이긴다. '삭개오야 오늘 내가 네 집에 들어가서 유하여야 하겠다.' 예수님께서 우리의 마음 가운데 들어오셨다. 들어오셔서 나와 온전히 하나가 되셨다. 이것이 임마누엘이다.

> 저가 죄인의 집에 유하러 들어갔도다 하더라 (눅 19:5)

바울서신에 그리스도가 우리 안에 계신다는 말은 무려 216번이나 나온다. 바울은 이 원리를 너무 잘 알고 있다.

> …이 비밀은 너희 안에 계신 그리스도시니 곧 영광의 소망이니라 (골 1:27)

어떤 종교도, 어떤 철학도 이러한 주장을 하지 않는다. 석가모니도, 마호메트도 사람 안에 들어와서 완전한 연합을 이루는 것이 아니다.

우상 숭배자들은 그들의 신전이 있는 방향을 향해서 기도하고 절하지만 우리는 그럴 필요가 없다. 우리는 어디서든지 예배할 수 있다. 주님은 여기도 계시고 거기도 계신다. 여호와 삼마. 무소부재하신 하나님이시다. 어디든지 계신다. 예수님께서도 이 산도 아니고 저 산도 아니고 이제는 어디서든지 하나님을 예배할 수 있다고 말씀하셨다. 비대면 예배, 물론 가능하다. 그러나 그것은 대면 예배를 할 수 없을 상황에서 가능하다는 것이다. 대면 예배로 드릴 수 있는데 굳이 공동체와 함께 연합하여 예배드리기를 귀찮아 한다면 '그런 사람 안에 과연 주님이 계실까?'라는 의문을 던져본다.

우리는 은혜의 통치를 받는다. 예수님의 심장으로 이식 수술을 받았기 때문이다. 그래서 우리의 삶에 변화가 일어난다. 새 마음을 받았기 때문에 새로운 변화가 일어나는데 이것은 자기 의지로 되는 것이 아니고 은혜로 변화되는 것이다. 우리는 점점 더 그분을 닮아간다.

> 이는 죄가 사망 안에서 왕 노릇 한 것 같이 은혜도 또한 의로 말미암아 왕 노릇 하여 우리 주 예수 그리스도로 말미암아 영생에 이르게 하려 함이라 (롬 5:21)

예수님의 심장을 이식받기 이전에 죄가 왕 노릇을 하는 삶을 살았다. 그러나 예수님의 심장을 이식받고 새 영을 부여받는 순간 은혜가 왕 노릇 하게 되었다.

> 또한 여러분의 몸을 불의를 행하는 도구로 죄에게 내어 주지 말고, 죽은 자들 가운데에서 살아난 자들답게 여러분의 몸을 의를 행하는 도구로 여러분 자신을 하나님께 드리십시오.
> (롬 6:13, 쉬운성경)

• 그 사랑에 담다.

죄에 졌을 때 죄의 무기가 되고, 죄가 왕 노릇 할 때 죄를 쉽게 지었던 것처럼 은혜가 통치하는 순간 우리의 삶에 그 반대의 일이 벌어지는 것이다. 용서하게 되고, 사랑하게 되고, 겸손하게 되고, 성결하게 되고, 거룩하게 된다.

> 너희 안에서 착한 일을 시작하신 이가 그리스도 예수의 날까지 이루실 줄을 우리는 확신하노라 (빌 1:6)

은혜의 통치가 시작되면 은혜가 우리 삶을 이끌어 간다. 이것은 살아내는 것이 아니라 살아지는 것이다. 내 의지가 아니라 은혜의 통치가, 은혜의 지배가 우리의 삶을 변화시킨다는 것이다.

> 삭개오가 서서 주께 여짜오되 주여 보시옵소서 내 소유의 절반을 가난한 자들에게 주겠사오며 만일 누구의 것을 속여 빼앗은 일이 있으면 네 갑절이나 갚겠나이다 (눅 19:8)

삭개오가 '율법을 지켜야지! 지켜야지!' 한 것이 아니라 주님의 은혜 통치가 들어오면 놀랍게도 그렇게 살게 된다. 그의 소유를 가난한 사람에게 나누어 주고 누구의 것을 빼앗았으면 4배로 갚겠다고 스스로 얘기한다. 이것은 이미 율법에 나와 있는 부분이다.

> …양 한 마리에 양 네 마리로 갚을지니라 (출 22:1)

누구도 명령하지 않았다. 예수님께서도 명령하지 않으셨다. 삭개오가 스스로 엄중한 판단을 내린 것이다. 이것이 은혜의 통치다. 은혜의 지배다. 성령의 소욕에 순종함으로 말미암아 나타나는 변화다. 지구의 70%를 차지하고 있는 바다가 나를 덮는다면 어떤 일이 벌어지겠는가? 그러나 은혜의 바다는 우리를 덮었다. 이 바다 같은 은혜를 모르는 사람은 평생 교회를 다닌다 할지라도 어떤 변화도 일어날 수 없을 것이다.

홈쇼핑을 보는데 어떤 물건을 사면 소형 세탁기를 준다는 것이다. 본품이 아니라 사은품에 관심이 가서 본 품을 사 버렸다. 소형 세탁기가 도착해서 한 번 써 봤는데 진짜 세탁기는 빨래를 뒤집으며 자동으로 세탁하는데 이 소형 세탁기는 제자리에서 돌기만 했다. 사람이 손으로 뒤집어 주어야 했다. 손빨래를 하는 것보다 더 힘들었다. 사은품이란 그런 것이다. 은혜의 통치는 그저 딸려오는 값싼 사은품이 아니라 우리를 뒤집고도 남을 만한 본 품이며 능력이다. 사은품을 받아 놓고 은혜받았다고 착각하지 말아야 한다. 은혜의 통치는 우리의 삶을 완전히 뒤집어 놓는다. 말씀 듣고 진짜 은혜받는 것이 무엇인지 깊은 깨달음이 있기를 바란다.

예수님의 방문은 우리를 뒤집어 놓았다. 우리는 다시 태어난 것이다. 바울은 선포한다.

• 그 사랑에 담다.

그런즉 누구든지 그리스도 안에 있으면 새로운 피조물이라 이전
것은 지나갔으니 보라 새 것이 되었도다 (고후 5:17)

하나님을 향한 내 뜨거운 첫사랑은 지금 어디에 있는가? 거침없이 뽕나무에 올라가던 열정은 어디 있는가? 여전히 종교인으로 살아가고 있는가? 교회에 다닌다고 다 그리스도인이 아니다. 은혜의 통치로 삶의 변화를 경험하는 이들이 바로 그리스도인이다.

은혜의 바다여!
우리 모두를 덮으소서!
스티로폼이 아닌 스펀지가 되어 잠기게 하소서!

> '우리는 은혜로 구원을 받게 되었다.'라는 말씀의 뜻은
> 나의 행위가 절대 아니라는 것이다.
> 그래서 자랑할 수 없다.
> 온전히 하나님의 선물로 주어지는 것이다.
> 우리의 행위로 뭔가를 끌어내리려고 한다면
> 반드시 실패할 것이다.

Chapter 2

아버지 은혜 내가 노래해
_두 번째 이야기

"²⁰율법이 들어온 것은 범죄를 더하게 하려 함이라 그러나 죄가 더한 곳에 은혜가 더욱 넘쳤나니 ²¹이는 죄가 사망 안에서 왕 노릇 한 것 같이 은혜도 또한 의로 말미암아 왕 노릇 하여 우리 주 예수 그리스도로 말미암아 영생에 이르게 하려 함이라"
(롬 5:20-21)

오래전, 성도 한 명이 심각한 표정으로 상담하러 왔다. 상담의 내용은 예배의 자리에 앉아 있으면 말씀을 듣기 전이나 찬양을 하기 전, 나쁜 영상이 자꾸 떠오른다는 것이다. 과거에 봤던 포르노 영상이 계속 눈앞에서 아른거린다고 했다. 하나님께 예배드리러 왔고, 은혜받으러 왔는데 그 영상들이 머릿속에서 왔다 갔다 하니까 아주 괴롭다는 고백이었다.

"목사님 어떻게 했으면 좋겠습니까? 더러운 이 생각을 떨쳐 버릴 수가 없어요. 저는 이 거룩한 장소를 떠나야 합니까?"라고 내게 질문했다. "당신이 여기를 떠나면 어디 갈 곳이 있나요? 여기만 거룩한 곳이 아니라 하나님께서 계시는 모든 곳은 다 거룩합니다. 하나님께서는 어디든지 계시기 때문에 주님을 피해서 갈 곳은 없어요. 언제든지, 어떤 상황에서든지 주님 앞이라는 것을 알아야 합니다." 그 형제는 다시 내게 물었다. "그러면 제가 어떻게 해야 합니까?" 내가 다시 물었다. "당신 눈앞에 아른거리는 장면들 그것을 원하나요? 당신이 바라는 것인가요? 당신이 그렇게 살기 원합니까?"라고 되물었더니 절대 그렇지 않다고 했다.

그런데 과거에 봤던 그 영상이 너무 자극적이니까 예배드리러 오고 은혜받으러 오면 너무 괴롭다고 했다. 이것은 영적인 공격이다. 이 형제의 연약함을 타고 들어와서 그를 계속 정죄하려고 하는 악한 영의 공격이다. '너는 이렇게 더러운 사람이야. 네 주제에 뭘 하겠다고….'라는 속삭임으로 죄책감을 느끼게 하는 전형적인 사탄의 공격이다.

나는 이 친구에게 말했다. "당신이 그것을 원하지 않는다면 계속해서 하나님께 마음의 진실한 고백을 하세요. '하나님, 이것은 내가 원하는 것이 아닙니다. 이것은 내 영이 원하는 것이 아닙니다. 하나님, 나는 주님의 거룩함을 원합니다. 그리고 사모합니다. 내가 주님의 임재와 거룩함 앞에 있기를 원합니다.'라고 고백하세요. 지금 이것은 당신의 과거

• 그 사랑에 담다.

의 죄로 말미암은 흔적이고 하나의 자국입니다. 이것이 없어지는 과정이라는 것을 알아야 합니다. 마치 당신의 영혼이 '여전히 부정하고 여전히 더럽다.'라고 받아들인다면 하나님 앞에 설 수 없습니다. 한 가지 깨달아야 할 것은 하나님의 은혜가 지금 이 폭풍 속에 있는 갈등보다 더 크다는 것을 알아야 합니다."라고 말했다. 그렇다. 우리의 모든 문제보다 하나님의 은혜가 더 크다.

> 율법이 들어온 것은 범죄를 더하게 하려 함이라 그러나 죄가 더한 곳에 은혜가 더욱 넘쳤나니 (롬 5:20)

죄가 더한 곳에 하나님의 은혜가 더욱 넘친다. 내가 죄인임을 인식할 때마다 하나님의 은혜가 더 크다는 것을 선포하라는 말씀이다. 많은 분이 비슷한 상황들을 겪을 것이다. 예배만 드리러 오면 과거의 분노, 죽이고 싶은 사람이 갑자기 떠오르고, 용서가 안 되고, 화가 치밀어 오르는 상황들이 있을 것이다. 상황은 개인마다 다를 수 있지만 하나님 앞에 나아가려고 할 때마다 정죄하는 영들이 공격해 오는 일들이 다양하게 벌어질 수 있다는 것을 알아야 한다. 그때 우리는 더 강력하게 외치고 선포해야 한다.

"하나님의 은혜가 더 크다! 은혜가 더 강하다!"
"죄가 더한 곳에 은혜가 넘쳤다!"

[1]그러므로 이제 그리스도 예수 안에 있는 자에게는 결코 정죄함

이 없나니 ²이는 그리스도 예수 안에 있는 생명의 성령의 법이 죄와 사망의 법에서 너를 해방하였음이라 (롬 8:1-2)

사탄은 우리를 죽이려고 달려든다. 우리의 연약함과 기억을 타고 들어와서 은혜 가운데 사는 것을 방해한다. 나는 공포를 느낄 때마다, 위협을 느낄 때마다 "주님은 이것보다 백만 배 더 크시다."라고 선포하고 "그 모든 상황을 뛰어넘어서 더 크고 위대하신 하나님을 더욱 내가 예배하리라."라고 선포하면 너무나 쉽게 공포가 떠나가고 사라지는 것들을 경험한다.

> ¹그러므로 이제 그리스도 예수 안에 있는 자에게는 결코 정죄함이 없나니 ²이는 그리스도 예수 안에 있는 생명의 성령의 법이 죄와 사망의 법에서 너를 해방하였음이라 (롬 8:1-2)

사탄은 거짓의 아비이며 속이는 자다. 커 보이는 것이지 크지 않다. 하나님의 은혜가 훨씬 크다. 그 하나님의 은혜에 압도당해야 한다. 사탄은 긍휼이 없다. 우리의 연약함을 감싸 주지 않는다.

> ⁹큰 용이 내쫓기니 옛 뱀 곧 마귀라고도 하고 사탄이라고도 하며 온 천하를 꾀는 자라 그가 땅으로 내쫓기니 그의 사자들도 그와 함께 내쫓기니라 ¹⁰내가 또 들으니 하늘에 큰 음성이 있어 이르되 이제 우리 하나님의 구원과 능력과 나라와 또 그의 그리스도의

> 권세가 나타났으니 우리 형제들을 참소하던 자 곧 우리 하나님 앞에서 밤낮 참소하던 자가 쫓겨났고 (계 12:9-10)

참소는 정죄하고, 고발하고, 신고하고, 드러낸다는 뜻이다. 마귀가 하는 일이다. 은혜를 모르고 살면 우리는 쉽게 정죄당하고 죄책감에 짓눌려 쪼그라들어 살 수밖에 없다. 지질한 삶을 살 수밖에 없다.

밤낮 참소하던 사탄이 우리의 죄를 드러낼 때 율법이 우리의 죄악들을 드러낼 때 예수 그리스도의 보혈로 씻겨 주시는 그 은혜가 얼마나 큰지를 깨닫게 된다. 죄가 더 할수록 은혜가 더 클 수밖에 없다. 어느 날 하나님의 놀라운 은혜가 우리에게 찾아온다. 하나님의 사랑을 노래하고 하나님의 은혜를 노래할 수밖에 없다. 그 하나님의 은혜가 너무나도 크다는 것을 알았기 때문이다.

바울은 자신을 죄인 중의 괴수라고 고백했다. 그렇게 말할 수 있는 것은 은혜가 너무 크기 때문이다. 예수 그리스도께서 우리의 모든 죄를 사하시면 그 이상의 일들이 벌어진다. 회개하고 예수님을 믿을 때 벌어지는 일이 바로 갈라디아서 2장 20절이다.

> 내가 그리스도와 함께 십자가에 못 박혔나니 그런즉 이제는 내가 사는 것이 아니요 오직 내 안에 그리스도께서 사시는 것이라 이제 내가 육체 가운데 사는 것은 나를 사랑하사 나를 위하여 자기 자신을 버리신 하나님의 아들을 믿는 믿음 안에서 사는 것이라 (갈 2:20)

우리는 죄 때문에 심판받을 수밖에 없다. 죄는 반드시 심판받는다. 예수님께서 대속의 제물로 십자가에 달려 돌아가실 때 우리의 죄와 함께 죽었다고 말씀하고 있다. 결국은 내 죄를 위해서 예수님께서 대신 십자가에 못 박히신 것이기 때문에 예수님과 함께 내 죄가 못 박혔다는 것이다. 그런즉 이제는 내가 사는 것이 아니고 내 안에 예수 그리스도께서 사신다는 것이다. 예수님은 우리 밖에 계신 분이 아니라 우리 안에 계신 분이시다. 믿음 안에서 나와 하나가 되셨다.

이미 예수 그리스도를 통해서 용서함을 입은 이들의 특징은 그들은 예수님을 밖에서 찾지 않는다는 것이다. 예수 안에서 그분과 하나가 되었다. 이것이 기독교다. 전 세계 어디에도 이런 종교는 없다. 오직 예수 그리스도만이 죄인 된 우리 가운데 오셔서 나와 함께 십자가에 죽으시고 나와 함께 사신다는 것이다. 그래서 우리가 육체 가운데 사는 것은 나를 사랑하시고 나를 위하여 자기 자신을 버리신 하나님의 아들을 믿는 믿음 안에서 사는 것이다. 육체 가운데 사는 한 우리는 예수 그리스도를 믿는 믿음 안에 사는 존재가 된 것이다.

새로 거듭난 존재들이 이런 삶을 산다. 예수님을 밖에서 찾지 말라. 주님은 여기 계신다. 나와 하나가 되셨다. 그러므로 그 어떤 것도 나를 이길 수 없다. 예수님께서 나와 하나가 되시고 내 안에 계시는데 누가 나를 괴롭게 할 수 있단 말인가!

1) 은혜는 늘 넘친다.

로마서 5장 20절에 '죄가 더한 곳에 은혜가 더욱 넘쳤다.'라고 말씀한다. 그냥 넘친 것도 아니고 '더욱 넘쳤다.'라고 바울은 표현하고 있다. 헬라어 ὑπερπερισσεύω 휘페르페릿슈오 라는 단어가 사용되고 있다. 이 단어는 '더 엄청나게', '더 넘치도록 풍부하게'라는 뜻으로 '은혜가 더 넘치도록 더 풍부하게 넘쳤다.'라는 뜻이다.

> 이 썩을 것이 썩지 아니함을 입고 이 죽을 것이 죽지 아니함을 입을 때에는 사망을 삼키고 이기리라고 기록된 말씀이 이루어지리라 (고전 15:54)

여기서 '사망을 삼키고'라는 단어는 '꿀꺽 삼켜버렸다.'라는 뜻이다. 주님의 은혜가 사망을 삼키고 이긴다는 말씀이다. 주님의 구원이, 주님의 생명이, 주님의 능력이 내 안에서 사망 권세를 그냥 씹어 꿀꺽 삼켜버렸다. 마치 사자가 생쥐를 꿀꺽 삼켜 버리듯이 사망을 삼켜 버렸다는 것이다. 이것이 은혜의 능력이다.

바울은 계속해서 은혜의 능력을 표현하고 싶었는지 '더욱'이라는 단어를 상당히 자주 썼다. 로마서 5장 9절에서도, 로마서 5장 10절에서도 이 단어를 사용하고 있다.

> 그러면 이제 우리가 그의 피로 말미암아 의롭다 하심을 받았으니

더욱 그로 말미암아 진노하심에서 구원을 받을 것이니 (롬 5:9)

곧 우리가 원수 되었을 때에 그의 아들의 죽으심으로 말미암아 하나님과 화목하게 되었은즉 화목하게 된 자로서는 더욱 그의 살아나심으로 말미암아 구원을 받을 것이니라 (롬 5:10)

율법이 들어온 것은 범죄를 더하게 하려 함이라 그러나 죄가 더한 곳에 은혜가 더욱 넘쳤나니 (롬 5:20)

내가 복음을 부끄러워하지 아니하노니 이 복음은 모든 믿는 자에게 구원을 주시는 하나님의 능력이 됨이라 (롬 1:16)

왜 그럴까? 능력의 크기를 말하는 것이다. 우리를 구원하시는 능력, 이것은 모든 사망 권세를 꿀꺽 삼켜 버린 하나님의 은혜, 구원의 능력이다. 복음의 위대함을 표현하고 있다.

아버지 은혜는 환란 가운데에서도 나의 약함을 자랑하게 만든다. 은혜는 바울이 죄인의 신분으로 감옥에서도 기뻐할 수 있고 가난함 속에서도 자족할 수 있는 아주 공격적인 힘이다. 이것이 은혜의 능력이다. '은혜 아니면 살아갈 수가 없네.'라고 노래하고 우는 것만이 은혜가 아니다. 은혜는 공격적이고 강력한 능력을 지니고 있다.

• 그 사랑에 담다.

이는 그리스도 예수 안에서 우리에게 자비하심으로써 그 은혜의
지극히 풍성함을 오는 여러 세대에 나타내려 하심이라 (엡 2:7)

은혜의 지극히 풍성함이라는 최상급의 단어를 계속해서 쓰고 있다. 이는 더 이상 다른 것이 필요 없다는 것이다. 우리가 받은 은혜가 그런 은혜라는 것이다. 가장 값비싼, 가장 소중한, 가장 위대한, 가장 큰 그래서 모든 것을 덮어버리는 은혜가 바로 하나님의 은혜다.

2) 은혜는 공로가 아니다.

[1]그는 허물과 죄로 죽었던 너희를 살리셨도다 [2]그 때에 너희는 그 가운데서 행하여 이 세상 풍조를 따르고 공중의 권세 잡은 자를 따랐으니 곧 지금 불순종의 아들들 가운데서 역사하는 영이라 [3]전에는 우리도 다 그 가운데서 우리 육체의 욕심을 따라 지내며 육체와 마음의 원하는 것을 하여 다른 이들과 같이 본질상 진노의 자녀이었더니 [4]긍휼이 풍성하신 하나님이 우리를 사랑하신 그 큰 사랑을 인하여 [5]허물로 죽은 우리를 그리스도와 함께 살리셨고 너희는 은혜로 구원을 받은 것이라 [6]또 함께 일으키사 그리스도 예수 안에서 함께 하늘에 앉히시니 [7]이는 그리스도 예수 안에서 우리에게 자비하심으로써 그 은혜의 지극히 풍성함을 오는 여러 세대에 나타내려 하심이라 [8]너희는 그 은혜에 의하여 믿음으

로 말미암아 구원을 받았으니 이것은 너희에게서 난 것이 아니요 하나님의 선물이라 (엡 2:1-9)

'우리는 은혜로 구원받게 되었다.'라는 뜻은 나의 행위가 절대 아니라는 것이다. 그래서 자랑할 수 없다. 온전히 하나님의 선물로 주어지는 것이다. 우리의 행위로 뭔가를 끌어내리려고 한다면 반드시 실패할 것이다.

3) 은혜를 뻘쭘하게 하지 말라.
만약 내가 내 행위를 자랑하고 있다면 은혜가 뻘쭘해진다.

⁹또 자기를 의롭다고 믿고 다른 사람을 멸시하는 자들에게 이 비유로 말씀하시되 ¹⁰두 사람이 기도하러 성전에 올라가니 하나는 바리새인이요 하나는 세리라 ¹¹바리새인은 서서 따로 기도하여 이르되 하나님이여 나는 다른 사람들 곧 토색, 불의, 간음을 하는 자들과 같지 아니하고 이 세리와도 같지 아니함을 감사하나이다 ¹²나는 이레에 두 번씩 금식하고 또 소득의 십일조를 드리나이다 하고 ¹³세리는 멀리 서서 감히 눈을 들어 하늘을 쳐다보지도 못하고 다만 가슴을 치며 이르되 하나님이여 불쌍히 여기소서 나는 죄인이로소이다 하였느니라 ¹⁴내가 너희에게 이르노니 이에 저 바리새인이 아니고 이 사람이 의롭다 하심을 받고 그의 집으

로 내려갔느니라 무릇 자기를 높이는 자는 낮아지고 자기를 낮추는 자는 높아지리라 하시니라 (눅 18:9-14)

바리새인은 자기가 무언가를 했기 때문에 대단하다고 착각하고 있다. 하지만 세리는 멀리서 감히 눈을 들어 하늘을 쳐다보지도 못하고 다만 가슴을 치며 '하나님이여 불쌍히 여기소서. 나는 죄인이로소이다.'라고 회개한다. 그는 자기가 얼마나 큰 죄인인지 인식하고 있다. 하나님의 능력, 생명과 구원은 바로 거기에서부터 시작한다. '무릇 자기를 높이는 자는 낮아지고 자기를 낮추는 자는 높아질 것이다.'라는 이 말씀은 신앙생활의 다림줄이다.

슬기로운 교회 생활은 자기를 낮추는 생활이다. 다른 이들을 섬김으로 자신이 낮아지면 주님께서 높여 주신다는 것이다. 높아지려고 하는 사람은 고꾸라진다. 권위주의는 나쁜 것이지만 건강한 권위는 때로 필요한 것이다. 내가 스스로 권위를 얻는 것이 아니라 다른 사람들이 내게 권위를 줄 때 건강한 권위를 갖는 것이다.

4) 은혜가 왕이다.

은혜가 왕이라는 것을 인식하라.

이는 죄가 사망 안에서 왕 노릇 한 것 같이 은혜도 또한 의로 말미암아 왕 노릇 하여 우리 주 예수 그리스도로 말미암아 영생에

이르게 하려 함이라 (롬 5:21)

죄가 왕 노릇 할 때의 죄에 대한 적극성은 분명 행위로 나타난다. 매우 적극적으로 죄가 드러난다. 은혜 또한 그렇다. 그것은 본인의 어떤 행위를 자랑하는 것들로 나타나지 않는다.

5) 은혜가 왕 노릇 함으로써 나타나는 결과

그러나 내가 나 된 것은 하나님의 은혜로 된 것이니 내게 주신 그의 은혜가 헛되지 아니하여 내가 모든 사도보다 더 많이 수고하였으나 내가 한 것이 아니요 오직 나와 함께 하신 하나님의 은혜로라 (고전 15:10)

이 은혜가 우리의 삶을 통치하고 있다면 이 은혜는 모든 상황을 넉넉히 이기게 할 것이다. 은혜가 왕 노릇 할 때 우리의 삶에 놀라운 변화가 일어날 수밖에 없다. 그때 우리의 삶은 십자가만을 자랑하는 삶이 될 것이고 그 은혜를 쉬지 않고 노래하게 될 것이다.

하나님의 은혜를 노래할 때마다 우리의 눈에 눈물이 마르지 않을 것이고, 우리의 감동은 사라지지 않을 것이다. 은혜의 크기가 절대로 줄어들지 않게 되기를 바란다. 은혜를 노래할 수밖에 없고 오늘도 내일도 하나님의 강력한 은혜가 우리의 삶에 거룩한 변화를 일으키는 그런 놀라운 삶의 여정 속에서 하나님의 뜻 가운데로 이끌리기를 기도한다.

> 하나님께서 거짓말하지 못하시는
> 이 두 가지의 변하지 않는 사실로
> 우리가 얻는 것은 소망이다.
> 우리가 찾은 피난처는 가장 안전한 곳이다.
> 예수 그리스도라는 피난처가 가장 안전하다.

Chapter 3

변함없으신 거짓 없으신 성실하신 그 사랑
_첫 번째 이야기

"온갖 좋은 은사와 온전한 선물이 다 위로부터 빛들의 아버지께로부터 내려오나니 그는 변함도 없으시고 회전하는 그림자도 없으시니라"(약 1:17)

세상 모든 것은 다 변한다. 영원한 것은 없다. 하나님께서 창조하신 모든 것들도 다 변하지만, 하나님 한 분만은 영원하시다. 하나님은 불변하시며 영원히 존재하신다.

'아버지 사랑 내가 노래해, 아버지 은혜 내가 노래해
 그 사랑, 변함없으신'

이 '변함없으신'이라는 말이 얼마나 놀라운 말인지 우리는 명확하게 봐야 할 필요성이 있다. '하나님이 변함없다는 것이 나하고 무슨 상관이야?'라고 반문하는 사람들도 있을 것이다. 그러나 이 불확실한 세상 속에서 가장 불완전한 삶을 살아가는 자들이 도대체 무엇을 의지하고 살아갈 수 있겠는가.

여전히 불완전한 것들을 의지하고, 여전히 일시적인 것을 붙잡고 살아가는 삶이 얼마나 불쌍한 삶인지를 알아야 한다. 지푸라기를 붙잡고, 바알을 붙잡고, 우상 단지를 붙잡고, 불안정한 경제를 붙들고, 정치를 붙들고, 불안정한 사람을 붙들고 사는 것이 얼마나 불안하고 불쌍한 삶인가.

성경은 하나님에 대하여 그는 변함이 없다고 말씀하신다. 이것은 하나님께서 영원하시다는 말씀인데 영원하다는 것은 단순히 '수명이 길다.'라는 의미가 아니고 '불변함'을 뜻하는 것이다. 변해야 할 필요가 없는 그 자체로써의 완벽하신 하나님, 이것이 하나님 아버지의 속성이다.

사람들은 육신의 아버지에게서 많은 영향을 받는다. 술만 마시면 손찌검하는 아버지 밑에서 자라는 자녀는 아버지가 취해서 들어오면 벌벌 떨 수밖에 없다. 아버지의 어떠함에 영향을 받을 수밖에 없는 것이다. 그렇다면 그 자체로 변할 필요가 없이 완벽하시고, 완전하시며, 영원하신 하나님이 나의 아버지라고 했을 때 우리는 어떠한 반응을 해야 할까?

하나님 아버지의 성품이 그러든 말든 우리는 여전히 불안하고, 불안정한 삶을 살다가 예배의 자리에 나아와서는 변함없으신 사랑을 노래한다는 것이 어쩌면 아이러니할 수도 있다.

얼마든지 우리는 노래를 부를 수 있겠지만 정작 하나님께서 원하시는 것은 우리 삶의 예배다. 우리가 찬양을 통해 변함없으신 하나님을 고백했다면 하나님께서는 우리에게 이렇게 물어보실 수 있다.

'그래, 나는 그런 존재란다. 그러면 너는 어떻게 살았니?'라고.

1) 변함없다는 것에 대한 의미.

A.W. 토저Aiden Wilson Tozer 목사는 '사람이란 자신이 가지고 있는 하나님에 대한 개념지식 이상으로 성장할 수 없다.'라고 말했다.

만약 영적으로 성장하고 있지 않다면 하나님을 조금밖에 모르는 것이다. 늘 하나님을 잘 안다고 말하고 있지만 사실상 하나님을 잘 모르기 때문에 성장을 하지 못하고 있다.

여전히 어떤 상황이나 환경에 공포감이 밀려올 때 '하나님은 도대체 어디 계신 거야.' 하고 오히려 불안과 공포를 경외로 착각하고 있는 자신의 이러한 모습을 본다면 '나는 진짜 하나님을 믿고 있는 것인가?'라는 생각을 해봐야 한다.

'나의 하나님은 도대체 어디에 계시는가?'

하나님께서는 변함이 없으신데 나의 상황에 따라 내 마음에는 하나님이 작아지기도 하고 커지기도 한다. 다시 말하지만, 하나님은 있는 그대로 완전하시며 우리가 어떠한 혼란 가운데 있다고 할지라도 하나님은 언제나 그 자리에 계신다.

반대로 하나님께서 존엄한 분이라는 의식을 잃게 되면 경외함을 잃어버리면 반드시 그 사람의 도덕적 가치들과 이른바 '인간성'을 상실하게 된다. 세상도 그렇다. 작년에 아라뱃길에서 자살해 죽은 사람이 약 200여 명이 된다고 한다. 참 안타까운 일이다. 한국에서 평균 하루에 38명 자살하고 있다고 하는 데 일 년이면 1만 3천여 명이 자살로 죽는다는 뜻이다.

사람들은 왜 자살하는 걸까? 불확실성 속에 있다. 완전하신 하나님을 만나지 못했기 때문에 그런 것이다. 뭔가 자기 삶을 온전히 내어 맡길 만한 안전함이 없다. 그래서 늘 불안하고, 두렵고, 공포와 염려 속에 휩싸여 있다.

목회하면서 이런저런 이야기를 들을 때가 많다. 목회자도 사람이라 때로는 상처받는다. 그러나 그런 것 때문에 넘어지지 않고 포기하지 않는다. 잠깐 분노하고 염려할 수도 있지만, 그것을 마음에 품고 살지 않으려고 기도하며 노력한다. 왜냐하면 넉넉히 이길 힘을 하나님께서 주시고 변함없는 전능한 하나님께서 내 아버지가 되신다는 것을 알고

• 그 사랑에 담다.

있기 때문이다.

우리는 하나님 자녀들이고 하나님께서는 나의 아버지가 되시기 때문에 내 감정이나 내 호르몬에 의해서 휘둘리면 안 된다. 반응은 할 수 있으되 노예가 되어서는 안 된다. 하나님을 아는 지식이 우리 안에서 믿음으로 작용하고 하나님께서 어떤 분이신지 알고 있으면 우리는 휘청거리지 않을 수 있다.

배가 큰바람을 만났을 때 넘어지지 않고 키를 잘 잡고 오히려 방향을 트는 방법을 알아야 하듯이, 파도를 타는 기술을 익힘으로 배가 좌초되지 않게 하듯이, 우리의 믿음도 그러하다. 아무리 사탄이 와서 우리를 공격하고 해하려고 해도 우리는 그 안에서 더 강해지고 오히려 그것을 통해 시험을 이기는 믿음을 훈련하게 된다.

다시 A.W. 토저 목사의 이야기로 돌아가면 '하나님이 존엄하신 분이라는 의식을 잃게 된다면, 즉 하나님 아는 지식이 사라진다면, 하나님 경외함을 잃어버린다면 반드시 그 사람의 도덕적 가치들과 인간성을 상실하게 된다.'라는 것이다. 방향성을 상실하게 되는 것이다. 우리의 가장 든든한 의지가 사라지는 것과 같다. 마치 배의 돛대가 꺾이고 키가 부러지는 것과 같은 것이다.

하나님을 아는 지식! 이것은 굉장히 중요하다. 그분이 불변하시다는 것을 아는 지식이 정말 중요하다.

아들이 군대에 가기 전, 사랑하는 제자인 박병춘 선교사의 안내로 일본 후지산을 함께 여행했다. 그 산기슭에 위치한 일본교회의 훈련 센터를 방문하기 위해서 갔었다. 그런데 후지산에 가까이 가니 3,776m의 그 산세에 압도되었다. 고구마 세계선교사 재충전 사역으로 네팔, 카트만두에 갔었다. 안타깝게도 해발 8,848m의 세계 최고봉인 에베레스트산을 보지 못했다. 당시 카트만두시에서 보이는 산이 너무 높아서 에베레스트산인 줄 혼자 착각했었다. 그럴 만도 한 것이 동네 뒷산이 2,000m가 넘는다고 한다. 그저 뒷산이 백두산 수준이다. 이런 자연을 보면 우리는 압도당하게 된다. 압도된다는 것은 두려워 떠는 것만이 아니라 인정하고, 인식하고, 받아들이는 것이다. 하나님을 아는 지식에 눈을 뜨면 하나님께 압도된다.

연기할 필요가 없다. 그저 반응할 수밖에 없다. 예배를 인도하며 "우리 하나님께 두 손 들고 찬양합시다."라고 외쳐야만 할 때 한편으로는 안타깝다. 굳이…. 시편 기자가 '눈을 들어 산을 보라 도움이 어디서 올꼬…'(시 121:1-2)라고 한 것처럼 변함없이 늘 그곳에 우뚝 서 있는 산을 보면서 하나님의 변함없으신 성품을 배워야 한다. 하나님을 경외할 수밖에 없다. 하나님을 신뢰할 수밖에 없다. 가장 안전하신 그분 앞에 내가 가장 안전한 삶을 살고 있다는 것에 대한 믿음이 필요하다.

이것이 하나님을 믿는 자의 자존심이며 이것이 곧 예배다. 그분이 바로 변함없으신 하나님, 우리의 아버지이시다. 특별히 변함없으시다는 것을 인식하고 하나님께 모든 것을 내어 맡겼을 때는 더 이상 두려워하지 말아야 한다.

만약 지금 앉아 있는 의자가 언제 부서질지 모르는 상황이고, 침대도 언제 부서질지 모르는 상황이라면 누가 편하게 의자에, 침대에 쉬고 있을 수 없을 것이다.

전능하신 하나님을 믿는다는 것은 내어 맡기는 것이다. 나는 놀이기구 타는 것을 그렇게 즐기지는 않지만, 딸이 좋아해서 같이 탈 때가 있다. 놀이기구를 탈 때면 본능적으로 불안하고 두려움을 느낀다. 그때 이 놀이기구를 아는 지식이 발동되어야 한다. '이 놀이기구는 안전하다.' 그것을 인지하고 믿게 되면 우리는 그 두려움을 극복할 용기가 나오는 것이다. 용기라는 것은 믿음과 신뢰에서 나오는 것이다. 반대로 두려움은 불신에서 나온다.

> 포도주가 떨어진지라 예수의 어머니가 예수에게 이르되 저들에게 포도주가 없다 하니 (요 2:3)

잔칫집에 포도주가 떨어졌다. 심각한 문제가 발생한 것이다. 포도주가 떨어진 잔칫집, 이것이 인간의 모습이다. 예수 그리스도는 인간의 가장 심각한 문제가 있는 곳에 찾아오셔서 그 심각한 문제를 해결하신 분이시다. 만물의 창조자이시며 줄어들거나 소멸하는 세상 속에서 가장 안전하고 진정한 풍요를 주실 수 있는 분은 오직 예수님 한 분이다.

인간의 잔치는 이미 끝났다. 인간의 욕망은 마치 깨진 항아리와 같다. 아무리 채워 넣어도 절대로 채워지지 않는다. 온 우주를 다 얻어도 인간이 갖고 있는 욕망의 항아리는 밑바닥이 깨져있는 것처럼 채울수도 채워지지도 않는다.

갈수록 의심이 늘어나는 세상 속에서 살고 있다. 서로서로를 믿지 못한다. 남편은 아내를 못 믿고, 아내는 남편을 못 믿고, 친구도, 가족도 못 믿는다는 생각이 주입되고 있는 오늘이다. 그렇게 아무것도 믿지 못하는 세상 속에서 하나님도 믿지 못한다. 하나님도 못 믿는다면 불안한 상태의 인간이 결국 붙드는 것은 우상이다. 그런데 우상을 붙들고 살면 더욱 불안할 수밖에 없다. 가짜 하나님, 광명의 천사로 가장한 사탄은 생명이 없는 빛을 비춘다. 그것은 어둠이며 복음의 광채를 가린다. 진짜 복음을 보지 못하게 한다.

> 그 중에 이 세상의 신이 믿지 아니하는 자들의 마음을 혼미하게 τυφλόω 튀플로오, 눈멀게 하다.하여 그리스도의 영광의 복음의 광채가 비치지 못하게 함이니 그리스도는 하나님의 형상이니라
> (고후 4:4)

베드로는 파도가 칠 때 예수님을 보지 못했다. 그래서 바다에 빠져 버렸다. '주님, 살려 주십시오.'(마 14:24, 새번역성경) 가장 짧은 기도이지만 주님의 구원을 받았다. 그 불안정한 풍랑 속에서 건지심을 받았다. 지금도 예수님께서 우리를 구원하신다.

너희는 이 세대를 본받지 말고 오직 마음을 새롭게 함으로 변화를 받아 하나님의 선하시고 기뻐하시고 온전하신 뜻이 무엇인지 분별하도록δοκιμάζω도키마조, 시험하여 증거하다하라 (롬 12:2)

'δοκιμάζω도키마조'의 뜻은 '시험하여 증거하라.'이다. 분별하라는 것이다. 우리는 냉정하게 물어야 한다. 우리는 올바르게 가고 있는가? 우리는 바른 길 위에 서 있는가?

외식하는 자여 너희가 천지의 기상은 분간할 줄 알면서 어찌 이 시대는 분간하지δοκιμάζω도키마조 못하느냐 (눅 12:56)

'어휴~ 무릎이 시큰거리네! 비가 오려나?' 이렇듯 우리는 천지의 기상은 잘 분별한다. 또 집값이 어떻게 오를 것인지, 아닌지 이런 것들에 대해서 분간을 너무 잘한다. 그런데 영적 기상도는 전혀 분별을 하지 못하고 있다.

예수님 당시 종교 지도자들은 전혀 분별하지 못 했다. 영적 기상도를 분별할 능력이 없으니 예수님이 누구이신지 모르고 예수님이 어떤 일을 하러 오셨는지도 몰랐다. 길을 잃어버린 것이다. 그래서 '분별δοκιμάζω도키마조'해야 한다. 하나님의 선하시고 기뻐하시고 온전하신 뜻을 분별하라는 것이다. 세상 사람들은 세상의 기상도만 본다. 세상 사람들은 영적인 기상도를 전혀 보지 못한다. 예수님은 그것을 책망하고 있다. 죄 때문에 분별력이 없다. 죄로 인해 하나님의 뜻을 분별하지 못하게 되었다.

> [20]그러나 악인은 평온함을 얻지 못하고 그 물이 진흙과 더러운 것을 늘 솟구쳐 내는 요동하는 바다와 같으니라 [21]내 하나님의 말씀에 악인에게는 평강이 없다 하셨느니라 (사 57:20-21)

이 말씀에서 악인은 죄인을 말한다. 죄인은 요동한다는 것이다.

> 악인들은 그렇지 아니함이여 오직 바람에 나는 겨와 같도다 (시 1:4)

바람이 조금만 불어도 살랑대며 요리조리 흩어져 버리는 겨와 같이 악인, 죄인의 특징이 그렇다. 그러나 의인의 부르심은 그렇지 않다. 우리 하나님은 변함이 없으시기 때문이다.

> [12]그들은 기탄없이 너희와 함께 먹으니 너희의 애찬에 암초요 자기 몸만 기르는 목자요 바람에 불려가는 물 없는 구름이요 죽고 또 죽어 뿌리까지 뽑힌 열매 없는 가을 나무요 [13]자기 수치의 거품을 뿜는 바다의 거친 물결이요 영원히 예비된 캄캄한 흑암으로 돌아갈 유리하는 별들이라 (유 12-13)

바람이 부는 대로 편승하고 이끌려가는 것이 죄인의 특징이다. 유리하는 별들, 방황하는 별들을 볼 때 악인과 죄의 특징은 꾸준하게 안정성이 없다. 샬롬이 없고 늘 불안에 떤다. 이 불확실한 세상이 사람을 자꾸 불안에 떨게 한다.

2) 모든 것이 변하여도 변하지 않는 하나님

> 온갖 좋은 은사와 온전한 선물이 다 위로부터 빛들의 아버지께로부터 내려오나니 그는 변함도 없으시고 회전하는 그림자도 없으시니라 (약 1:17)

이러한 하나님이 우리의 아버지이시다. 그러므로 두려워 떨 필요가 없다. 언제 어떻게 돌변할지 모르는 아버지라면 여전히 벌벌 떨며 살겠지만 우리 하나님은 그러한 분이 아니시다.

> 나 여호와는 변하지 아니하나니 그러므로 야곱의 자손들아 너희가 소멸되지 아니하느니라. (말 3:6)

웹스터 사전에서 '불변성immutability'은 '변하지 않는 특성'이라고 간단히 정의한다. 하나님은 본성 자체가 변하지 않기 때문에 결코 변하실 수 없다. 그러므로 하나님께서는 더 또는 덜 지혜로워지실 수도, 거룩해지실 수도, 공의로워지실 수도, 자비로워지실 수도, 선해지실 수도 없다. 더불어 하나님의 계획과 뜻은 영원히 변하지 않는다.

우리가 늘 염려하며 불안정한 삶을 산다면 우리는 하나님 아버지와 전혀 상관없는 삶을 사는 것이다. 그러나 우리가 믿음으로 변함없으신 그 사랑을 선포할 때 비로소 그것이 하나님 아버지가 받으시는 참예배가 선포되는 것이다. 그러므로 믿음으로 사는 삶이 없이는 예배가 성립될 수 없고 예배자가 없이는 예배도 없다.

3) 멈추지 못하는 변함없는 사랑

유월절 전에 예수께서 자기가 세상을 떠나 아버지께로 돌아가실 때가 이른 줄 아시고 세상에 있는 자기 사람들을 사랑하시되 끝까지 사랑하시니라 (요 13:1)

예수님은 우리를 끝까지 사랑하셨다고 기록되어 있다. 그리고 주님께서 승천하실 때도 '내가 세상 끝날까지 너희와 함께 하리라.'고 말씀하셨다. 우리 주님은 임마누엘의 주님이시다.

[18]이는 하나님이 거짓말을 하실 수 없는 이 두 가지 변하지 못할 사실로 말미암아 앞에 있는 소망을 얻으려고 피난처를 찾은 우리에게 큰 안위를 받게 하려 하심이라 [19]우리가 이 소망을 가지고

있는 것은 영혼의 닻 같아서 튼튼하고 견고하여 휘장 안에 들어
가나니 (히 6:18-19)

하나님께서 거짓말하지 못하시는 이 두 가지의 변하지 않는 사실로 우리가 얻는 것은 소망이다. 우리가 찾은 피난처는 가장 안전한 곳이다. 그러므로 그분의 변함없으심은 우리에게 흔들리지 않는 편안함, 진정한 평안을 주신다. 우리는 하나님을 아는 만큼 예배하고 하나님을 아는 지식만큼 성장한다.

> 내가 그리스도의 몸된 교회를 이루었다면
> 나 또한 절대 패배할 일은 없다.
> 하나님은 교회를 통하여
> 당신의 뜻을 이루시며
> 우리를 교회로 부르셨고 세우신다.

Chapter 3

변함없으신 거짓 없으신 성실하신 그 사랑
_두 번째 이야기

"온 갖 좋은 은사와 온전한 선물이 다 위로부터 빛들의 아버지께로부터 내려오나니 그는 변함도 없으시고 회전하는 그림자도 없으시니라" (약 1:17)

변함없다. 거짓 없다. 성실하다. 이것은 하나님의 불변성을 의미하는 것이다. 온 우주를 통틀어서 변하지 않는 것은 없다. 다 변한다. 마지막 날에는 다 소멸하게 되어 있다. 그러나 영원히 변함없으신 분은 오직 하나님밖에 없다.

태양이 이글거리며 영원히 불타오를 것 같지만 그렇지 않다. 태양도 점점 소멸하고 있다. 우주는 지금도 계속 팽창하고 있다고 하지만 결국은 그 에너지조차도 점점 소멸하고 말 것이다.

그러나 영원히 소멸하지 않으시는 하나님, 그분은 처음부터 영원하신 분이시다. 그분은 시작이 없다. 그리고 끝도 없다. 우리는 그것을 영원이라고 한다. 하나님의 영원하심이 우리에게 안정감을 가져다준다. '하나님은 영원하시다.'라고 우리가 편하게 부를 수는 있겠지만 그 안에 담겨 있는 엄청난 지식이 얼마나 중요한지를 알아야 한다. 결국은 아는 만큼 예배한다.

하나님께서 기뻐하실 예배는 어떤 예배일까?

우리 인천 평강교회의 목요찬양은 우리 교회를 대표하는 아주 중요한 사역이다. 하나님께서 우리를 열방 가운데 보내셔서 예배자를 세우시고 또한 TR예배학교를 통하여 한국 교회뿐 아니라 전 세계 예배를 회복시키시는 사역에 쓰임 받고 있음을 믿는다. 이것이 인천 평강교회의 부르심이고 핵심이며 존재의 목적이다. 예배와 선교의 부르심이 아니라면 우리는 존재의 의미가 없다.

하나님은 어떤 예배자를 찾으시는가?

한때는 모이는 예배를 지나치게 강조했었다. 다른 부분에서는 개혁을 외치며 '삶의 예배가 더 중요하다.'라고 말한다. 그러나 둘 다 중요하고 둘은 분리할 수 없다. 설명하자면 '삶의 예배'가 뿌리이고 줄기라면 '모이는 예배'는 열매다. 또한 그 열매가 바로 꽃이다. 우리가 모여

• 그 사랑에 담다.

서 함께 하나님을 예배하는 것은 예배의 꽃을 피우는 것이다. 삶의 예배는 뿌리이고 줄기이기에 삶의 예배에서 실패하면 꽃을 피울 수 없다. 그러기 때문에 '삶의 예배'만 강조할 수도 없고, '모이는 예배'만 강조할 수도 없다. 이 두 가지가 균형을 이룰 때 하나님께서 찾으시는 예배자로, 하나님께서 기뻐하시는 예배로 나아가는 것이다.

> 포도주가 떨어진지라 예수의 어머니가 예수에게 이르되 저들에게 포도주가 없다 하니 (요 2:3)

세상의 잔칫집은 반드시 결핍의 상황을 맞이한다. 그래서 잔치가 중단되는 상황이 찾아올 때 오히려 세상은 예수님이 누구이신지를 알게 될 것이다. 아무리 잔칫집같이 세계 경제가 부흥하고 대박 나는 상황처럼 보여도 풍년이 오면 반드시 흉년이 오고 흉년 뒤에는 또 풍년이 올 것이다. 계속해서 반복되는 이런 상황 가운데 결국 깨닫게 되는 것은 '영원한 것이 없다.'라는 것이다. 아무리 자기 주변에 믿을 만한 사람이 많아 보여도 그들은 우리에게 믿음의 대상이 아니다.

포도주가 떨어졌다. 잔칫집에 심각한 상황이 벌어진 것이다. 예수의 어머니인 마리아가 예수님께 부탁한다. 예수님께서 최고의 포도주를 물로 만드셨다. 아무 향도 없고 맛도 없던 물이 최고의 향기롭고 맛있는 포도주가 되었다.

궁극적으로 하나님만이 할 수 있는 창조의 능력을 보여 주신 것이다. 이 첫 번째 기적을 통해서 예수님께서는 '내가 하나님이다.'라는 것을 보여 주고 계신다. 오직 예수님만이 하나님이시며 우리의 궁극적 갈망을 채워 주실 수 있는 분이시요, 아무것도 아닌 쓴 물 같은 우리를 가장 가치 있는 존재로 영광스러운 생명으로 다시 창조하신다.

언제나 펄럭이는 깃발처럼 우리에게 영원한 승리의 감격을 주시는 분은 하나님이시다. 명예도, 대형 교회가 되는 것도 여호와 닛시가 아니다. 목회자인 나에게도 목회는 성공이 없다. 성공하려면 목회를 내려놓으라. 우리에게 닛시는 오직 하나님, 깃발이신 오직 그분밖에 없다.

내가 성숙한 크리스천인지 미성숙한 크리스천인지는 변함없는 깃발이신 하나님을 얼마나 의지하는가로 판가름 난다. 늘 힘들다고 '우리 목자 어딨어?' 문제만 생기면 '우리 지역장 어디 갔어?', '왜? 나한테 그 때 전화 안 했어?' 하며 시험에 들고, 삐지고 할 필요가 없다. 그들은 우리의 믿음의 대상이 아니다. 우리를 돕고 섬기는 대상일 뿐, 하나님만이 우리의 변함없는 여호와 닛시, 영원히 펄럭이는 깃발이 되신다.

사마리아 우물가의 여인에게는 남편이 그에게 닛시였던 것 같다. 그녀는 남편에게서 버림받았거나 남편이 죽으면 또 다른 남편을 찾고 하다 보니 여섯 번까지 간 것 같다. 그러면서 계속 남편이 의지의 대상이 되었다. 결국 예수님께서 여인을 만났을 때 남편 문제를 드러내셨다. 곧 여자는 예수님만이 온전히 의지할 믿음의 대상이라는 것을 깨닫고 불안정한 삶의 여정을 끝내고 안정된 삶을 시작했다.

전쟁의 잿더미 속에 죽은 줄로 알고 있다가 깨어난 군인은 자기편 군대가 이겼는지 패했는지 알 수 없을 것이다. 그러나 저 멀리 자기 진영의 깃발이 펄럭이는 것을 발견한 군인의 마음은 어떠할지를 생각해보라. 그 여호와 닛시를 발견한 하나님의 군인은 앞으로는 세상에서 아무리 환란의 바람이 분다 해도 요동하지 않을 것이다. 왜냐하면 변치 않는 하나님을 붙들고 있기 때문이다.

우리의 삶에서 모든 잔치가 끝날 때 우리의 시선이 여전히 흔들리지 않는 신실하신 하나님을 바라보고 있다면 우리는 우리의 예배가 진짜였다는 것을 증명하는 순간이 될 것이다.

아버지가 살아계실 때 우리 집은 부자였다. 별표 전축, 독수리 전축, 우리나라의 최초의 전축들, 새로 등장하는 최신식 가전제품들은 항상 우리 집에 있었다. 전축의 웅장한 볼륨으로 음악을 들을 수 있는 그런 집, 동네 사람들이 비디오 구경하러 오는 그런 집이었다. 그 후 아버지는 내가 초등학교 5학년 때 사우디로 가셨다. 3년 차 되던 해에 국가 임무를 다 마무리했다고 생각하시고 가족들 모두 초청하고자 여권과 비자까지 다 준비했다. 이제 한 달 뒤에는 온 가족이 사우디행 비행기만 타면 되는 상황이었다. 이제 한 달 뒤면 떠나게 돼서 얼마나 동네방네 다니며 '나 외국 간다. 나 외국 가서 산다.'라고 떠들고 다녔겠는가! 당시에 외국 가서 사는 것은 정말 로망이었던 때다. 그런데 딱 한 달을 남겨두고 아버지가 돌아가셨다.

훗날 알게 되었지만 아버지는 암살당하셨고 사우디 정부에 의해 자살로 위장되어 사건은 강제로 마무리가 되어버렸다. 설상가상으로 아버지께서 돌아가시기 며칠 전, 고향 친구분에게 가족들이 사우디로 이사하게 되었으니 집을 팔아 달라고 했는데 그분이 집문서 가지고 달아나 버리고…. 우리 가정의 모든 잔치는 거기서 끝났다. 그때는 예수님을 영접했을 때도 아니었고 무슬림이었던 아버지 따라서 이태원 이슬람교 사원에 다녔던 때였다. 여자친구 소개해 주겠다던 친구를 따라서 교회를 왔다 갔다 하기는 했지만 분명한 신앙고백이 없었을 때여서 당연히 모든 것은 끝났다고 생각했다.

그 당시 내 마음속에 '나는 이제 뭐 먹고 살지?' 중학교 1학년짜리 아이의 입에서 '앞으로 밥이나 먹고 살려나? 이젠 끝났다.'라는 이야기가 나왔다. 의지할 대상이었던 우리의 능력자 아버지는 사라지고 의지할 것이 없어진 그 상황 속에 나는 그저 저주받은 쓴 물이었다.

아무리 최신형 가전제품을 들여놓고, 아파트의 평수를 넓히고, 통장에 잔고가 많아도 인간의 궁극적인 갈망은 절대로 채워질 수 없고 해결될 수 없다. 그런데도 여전히 답을 발견하지 못한 채 방황하고 있는 인간의 삶은 정말 비극이다. 가짜를 갖다 놓고 그 가짜 안에서 무언가 만족을 찾으려고 하는 그런 사람들이 얼마나 불쌍한가. 그러나 '내가 길이요 생명이다.'라고 말씀하신 예수님은 바로 그 문제를 해결하러 오신 분이시다.

이미 언급했던 이사야 57장 20-21절의 말씀을 보면 죄의 문제를 해결하지 못한 인간의 모습이 나온다.

^{20}그러나 악인은 평온함을 얻지 못하고 그물이 진흙과 더러운 것을 늘 솟구쳐 내는 요동하는 바다와 같으니라 ^{21}내 하나님의 말씀에 악인에게는 평강이 없다 하셨느니라 (사 57:20-21)

뭔가 평온한 바다가 아니라 계속해서 소용돌이치는 막 움직이는 바다 같다. 그 물이 진흙과 더러운 것을 솟구쳐 내는 맑은 물과 깨끗한 물이 아니라 그 밑에 깔린 진흙들을 끌어 올리는 갯벌의 더러움을 끌어올리는 뭔가 안정되지 않고 요동하는 바다와 같다는 것이다. 평온함을 얻지 못한다. 평강이 없는 상태에서 계속 요동치는 인간의 영혼의 모습을 보여 주고 있다.

예수님은 포도나무이고 우리는 가지다. 그것은 우리가 예수님이라는 나무에 접붙임을 받은 것을 의미한다. 정말 예수님께 딱 붙어 있어야 한다는 뜻이다. 그것이 내가 예수님의 몸 된 교회에서 한 몸을 이루고 예수님과 함께 패배하지 않는 교회로, 음부의 권세가 이길 수 없는 교회로 함께 세워지는 것이다.

^{12}그들은 기탄없이 너희와 함께 먹으니 너희의 애찬에 암초요 자기 몸만 기르는 목자요 바람에 불려가는 물 없는 구름이요 죽고 또 죽어 뿌리까지 뽑힌 열매 없는 가을 나무요 ^{13}자기 수치의 거품을 뿜는 바다의 거친 물결이요 영원히 예비 된 캄캄한 흑암으로 돌아갈 유리하는 별들이라 (유 1:12-13)

영원하신, 거짓 없으신, 성실하신 하나님을 예배하는 자들이 여전히 길을 잃어버린 별들처럼 방황과 방탕 속에 빠져 있거나 뭔가 공허와 혼돈 속에 정리되지 않은 불안정한 상태 속에서 그저 은혜로운 가사로 된 찬양을 부른다고 진정한 예배가 되리라 생각하면 안 된다.

> 온갖 좋은 은사와 온전한 선물이 다 위로부터 빛들의 아버지께로 부터 내려 오나니 그는 변함도 없으시고 회전하는 그림자도 없으시니라 (약 1:17)

온갖 좋은 것, 그것은 하늘의 은사와 선물이다. 항상 가장 좋은 것으로 우리에게 내려주시는 하나님께서는 정말 변함없으시고 성실하신 분이시다.

> 나 여호와는 변하지 아니하나니 그러므로 야곱의 자손들아 너희가 소멸 되지 아니하느니라 (말 3:6)

하나님 아버지 안에 있는 우리는 소멸되지 않는다. 하나님께서 영원하시기에 우리 또한 영원하다. 하나님께서 패배가 없으시기에 하나님의 교회인 우리 또한 절대로 패배할 일이 없다.

하나님께서는 변하심이 없으시다. 내가 하나님의 영원함을 믿을 때 우리 안에 신실함을 부어 주신다. 10년 뒤에도, 20년 뒤에도, 30년 뒤

• 그 사랑에 담다.

에도 '여호와 닛시'의 깃발처럼 성실하게 변함없이 예배할 수 있다면 내가 숨이 멎는 그 순간에도 여전히 하나님을 예배할 것이다.

나는 주님께 '주님 저를 만들어서 사용해 주십시오. 연약한 부분이 많고 부족한 부분이 많아요. 제가 만들어지지 않으면 하나님께 쓰임 받을 수 없다는 걸 압니다.'라고 기도한다. 어렸을 때부터 이런 마음으로 '상한 갈대를 꺾지 않으시고, 꺼져가는 등불 끄지 않으시는 분'이라는 이 말씀이 얼마나 마음에 와닿았는지 찬양의 고백에 넣을 수밖에 없었다.

하나님 말씀이 검처럼 날아 올 때 영화 매트릭스처럼 멋있게 피하려고 하지 말고 맞아야 한다. 주시는 말씀을 피하지 말고 마주쳐 부딪칠 때 그것이 우리에게 생명이 된다. 설교시간 말씀을 들을 때, 내 정체가 그냥 처절하게 너덜너덜 될 정도로 다 드러나야 하지만, 그것이 은혜다. 드러나야 치유되고 하나님 앞에 새롭게 나아가는 것이다.

'하나님 나는 상한 갈대입니다. 나는 꺼져가는 등불입니다. 그러나 나를 끄지 않으시고 나를 꺾지 않으실 신실하신 주님이심을 믿습니다.' 이것을 성취하기 위해서 예수님께서 오신 것이다. 상한 갈대를 세우시고 꺼져가는 등불을 더 활활 타오르게 하려고 예수님께서 이 땅에 오신 것이다.

변함없는 주님은 죄에 대해서도 변함없으시다. 하나님의 진리가 변함이 없는 것처럼 죄에 대한 주님의 기준 또한 변함이 없으시다. 우리는 하나님께서 죄를 얼마나 싫어하시는지, 죄를 얼마나 미워하시는지 알아야 한다.

> [16]여호와께서 미워하시는 것 곧 그의 마음에 싫어하시는 것이 예닐곱 가지이니 [17]곧 교만한 눈과 거짓된 혀와 무죄한 자의 피를 흘리는 손과 [18]악한 계교를 꾀하는 마음과 빨리 악으로 달려가는 발과 [19]거짓을 말하는 망령된 증인과 및 형제 사이를 이간하는 자이니라 (잠 16:16-19)

진실이 무엇인지 모를 정도로 거짓말을 밥 먹듯이 하는 사람들이 있다. 이는 거짓의 영에 사로잡힌 것이다. 하나님을 경외하는 예배자가 어떻게 거짓말을 밥 먹듯이 할 수 있겠는가. 무죄한 자의 피를 흘리는 손, 무정하고 긍휼이 눈곱만큼도 없다는 것은 하나님을 대적하는 것이다. 또한 하나님을 대적하는 악한 계교들, 간교를 꾀하는 마음, 빨리 악으로 달려가는 발, 거짓을 말하는 망령된 증인과 형제 사이를 이간하는 자, 진실을 왜곡하고 수군수군하는 자들 이것은 어둠 가운데 거하는 자들의 행동이며 교회 안에서 사라져야 한다.

주님의 첫 번째 메시지는 '회개하라!'였다(마 4:17). 그리고 예수님께서 병자들과 죄인들을 가까이하셨다. 주님은 세리와 과부 그리고 고아의 친구가 되셨다. 주님은 아직 회개하지 않는 죄인들에게 먼저 친구가 되셨고 그들과 함께하셨다. 그들은 예수님과 친구가 되면서 죄의 자리를 떠났다(요 8:11). 이처럼 우리도 예수님처럼 먼저 죄인들의 친구가 될 수 있고 죄인들과 함께 할 수 있다. 예를 들면 우리는 동성애자와 친구가 될 수 있지만, 그들이 회개하고 주님께 나올 수 있도록 도와야 한다. '우리는 당신들의 취향을 존중합니다.'라며 회개에 이르도록 돕지 않는다면 그들은 새 생명을 얻지 못하게 된다.

하나님을 사랑하는 자 그 뜻대로 부르심을 입은 자들에게는 모든 것이 합력해서 선을 이룬다(롬 8:28). 이 말씀은 많은 이들이 좋아하는 말씀이다. 오직 그 뜻대로 부르심을 입은, 하나님을 진정으로 사랑하는 자들에게 이루시는 '선'이다. 아무에게나 하나님의 선이 이루어지는 것은 아니다. 막무가내식의 긍정은 진리를 벗어날 수 있는 매우 위험한 이기적인 신념이다.

'주님, 삶의 예배를 통해서, 함께 모이는 예배를 통해서, 나의 고백을 통해서, 우리의 모든 삶의 선한 행실을 통해서 하나님께 큰 영광이 되고, 진정한 기쁨이 되는 그래서 하나님이 찾으시는 예배자들이 되기를 소원합니다.'

> 예수님께서
> 이 모든 것들을 다 회복하셨다.
> 예수님은 회복의 왕이시다.
> 상한 갈대를 꺾지 않고
> 꺼져가는 등불을 끄지 않으신다.

Chapter 3

변함없으신 거짓 없으신 성실하신 그 사랑
_ 세 번째 이야기

함께 사역하는 분들에게 이런 질문을 했다. "영성과 축복을 한 단어로 정의하면 뭐라고 할 수 있나요?" 대부분 두 단어의 의미를 한 단어로 정의하려니 쉽게 대답하지 못했다. 내가 대답했다. "나는 '관계'라고 생각합니다."

바울은 '어떤 상황에서도 자족할 수 있다.'라고 고백했다(빌 4:11-12). 우리가 어떤 상황에서도 자족할 수 있는 이유는 하나님 아버지의 신실하심 때문이다. 그분의 거짓 없고 변함없으신, 신실하신 약속 때문이다. 바울이 만족하는 대상은 오직 주님이다. 그 이유는 그저 그분과의 관계 때문이다. 그래서 이것이 영성이라고 생각한다. 나는 죽은 사람이 일어나고, 병자들이 치유되고 소위 사람들의 마음을 꿰뚫어 본다(이런 유의 '투시'라고 말하는 신비주의적 요소는 교회의 건강한 은사가 아님을 밝힌다.)는 이런 은사적인 측면들을 영성이라고 생각하지 않는다.

그것은 교회 공동체의 유익을 위해 주신 은사일 뿐 하나님께서 개인의 유익을 위해 주신 것이 아니다. 만약 누군가가 성령께서 주신 은사를 갖고 자기를 내세우고 자기 이름을 자랑하는 것은 잘못된 것이다. 은사는 철저히 공동체의 유익을 위해서 주셨다. 그래서 평강교회는 병자들을 위해서 기도할 때 가능한 한 내가 혼자 기도하지 않고 모든 성도가 함께 기도하는 것을 선호한다. 병자가 치유되더라도 박희정 목사 능력으로 치유된 것이 아니고, 모든 성도가 하나 되어서 기도했기 때문에 하나님께서 치유하신 것이다. 하나님께서 교회에 주신 권세로 된 것이다. 우리 교회는 성령의 능력이 나타나는 교회다. 미성숙하거나 비성경적인 거짓 은사로 하나님께서 주신 교회의 선물까지 막아버리는 또 다른 실수를 범하지 않기를 바란다.

은혜를 받으면 받을수록, 영적으로 성장하면 성장할수록 오히려 어린아이처럼 순수한 것이 영성이다. 그래서 영성과 축복을 '관계'라고 정의할 수 있다. 관계는 매우 중요하다. 하나님과 나와의 관계가 나의 영적 수준이다. 내가 정말 축복을 누릴 사람인지 아닌지는 이것을 기준으로 한다.

> 하나님은 사람이 아니시니 거짓말을 하지 않으시고 인생이 아니시니 후회가 없으시도다 어찌 그 말씀하신 바를 행하지 않으시며 하신 말씀을 실행하지 않으시랴 (민 23:19)

하나님께서는 인생이 아니시다. 그런데 우리는 하나님을 인생 취급한다. 특히 그분을 굉장히 변덕스러운 사람처럼 취급한다. 하나님께서 변덕스러운 것이 아니라, 우리의 감정과 우리의 태도가 변덕스러운 것이다. 모든 것을 자기 관점에서 주관적으로 생각하고 하나님의 관점으로 보지 못하고 있다. 결국은 자기 자신을 숭배하든지 아니면 자기 자신이라는 장벽에 갇혀 있든지 이 제한적 한계에 걸려서 넘어가지 못하고 있다.

이 땅에 아무리 위대한 인간이 있다고 할지라도 하나님께서는 그 위대한 인간하고도 다르다. 인간이 아무리 위대하고 아무리 지혜로워도 하나님과 비교할 수 없다(고전 1:25). 히브리어로 שָׁקַר 샤카르'는 '거짓말하다.'라는 뜻이다. 하나님께서는 거짓말을 하지 않으신다. 선포된 하나님의 말씀은 진실이며 진리다. 그냥 떠도는 소문이나 추측이나 추론이 아닌 진리와 진실이며 그의 약속은 반드시 이루어진다.

가끔 성경에 '후회한다.'라는 표현이 나온다. 사무엘상 15장 11절에도 하나님께서 후회한다는 표현이 있다. 그것은 하나님의 오류를 의미하는 단어가 아니다. 하나님께서는 오류를 범하시는 분이 아니다. 그런 차원에서의 '후회한다.'가 아니라 전지전능하신 하나님께서 인간에게 주신 기회를 놓친 것에 대한 '안타까움'을 표현하신 것이다.

하나님께서 하지 말라고 명령하신 것을 인간 스스로 범죄 한 것에 대해서, 순종하지 않고 불순종하는 것에 대해서, 인간이 죄에 빠져 돌이키지 못하고 사망 권세의 노예로 전락해 버린 것에 대한 하나님의 안타까운 마음이다.

> 네가 나의 명령에 주의하였더라면 네 평강이 강과 같았겠고 네 공의가 바다 물결 같았을 것이며 (사 48:18)

우리의 샬롬은 강 같은 샬롬이다. 강과 같은 샬롬이 우리에게 임하는 것이다. 아담과 하와가 순종하지 않았고 이스라엘 백성도 순종하지 않았다. 그래서 강과 같은 평강을 잃어버린 것이다. 강과 같은 평강이란 에덴에서 흘러나왔던 그 동산에 흐르던 네 개의 강을 의미한다.

> 강이 에덴에서 흘러 나와 동산을 적시고 거기서부터 갈라져 네 근원이 되었으니 (창 2:10)

이 말씀에서 네 개의 강이 등장하는데 비손강, 기혼강, 힛데겔강, 유브라데강이다.

이 강들의 의미를 살펴보면 다음과 같다.

• 그 사랑에 담다.

- 비손강(11절): 번성, 풍요
- 기혼강(13절): 샘솟듯 터져 나오는, 막히지 않는 기쁨
- 힛데겔강(14절): 빠르고, 기운찬 능력, 지치지 않는 힘
- 유브라데강(14절): 풍성한 열매의 결실, 추수

네 강의 이름이자 하나님께서 인간에게 주시는 축복이다. 순종이라는 관계 안에서 죄와 상관없을 때 우리에게 주어지는 축복이다. 이것이 인간을 향한 하나님의 본래 계획이다. 이것이 하나님의 창조 목적이다. 그런데 이 창조의 목적은 불순종으로 인한 죄 때문에 모든 질서가 무너져 버리고 깨져 버렸다. 그러나 아버지가 기다렸고 모든 피조물이 기다렸던 깨어진 관계를 하나님의 아들 예수 그리스도를 통해서 십자가에서 회복시키셨다. 이것이 복음이다. 그래서 이 회복된 관계 자체가 영성이고 축복이라고 말하는 것이다.

아담과 하와는 하나님과의 언약 관계가 깨지지 않는다는 조건으로 에덴에서 살 수 있었다. 그러나 이 관계가 깨지고 무너져 버리니까 모든 것을 다 잃어버리게 되었다. 그러나 예수님께서 모든 것들을 다 회복하셨다. 예수님은 회복의 왕이시다. 상한 갈대를 꺾지 않고 꺼져가는 등불을 끄지 않으신다. 인간은 상한 갈대이고 꺼져가는 등불이었다. 예수 그리스도께서 그 상한 갈대를 꺾지 않고, 꺼져가는 등불을 끄지 않으시고 그의 죽음과 부활을 통해 인간과 하나님과의 관계는 회복되고 온전히 성취되었다.

> 그 길은 우리를 위하여 휘장 가운데로 열어 놓으신 새로운 살길
> 이요 휘장은 곧 그의 육체니라 (히 10:20)

성소에 있는 휘장은 '예수님의 육체'라고 말씀하고 있다. 예수님은 죄인은 아니지만, 죄를 짊어진 것을 의미한다. 그래서 십자가에서 갈기갈기 찢겼고 채찍으로 맞으심으로 예수님의 살은 찢기셨다. 채찍의 끝에 붙은 납덩어리가 피부에 꽂히고 그 채찍을 다시 잡아당길 때 피부가 찢겨나간다. 예수님께서는 십자가에서 돌아가셨다. '아버지여, 내 영혼을 아버지께 부탁합니다.'라고 말씀하시고 운명하시자 당시 예루살렘 성전에서 벌어진 가장 첫 번째 사건은 성소의 휘장이 위로부터 아래로 찢어진 것이다.

휘장이 찢겼다는 것은 에덴으로 들어가는 문이 열렸다는 것이다. 그 휘장에는 에덴을 지키고 있었던 스랍들, 천사들이 수놓아져 있었다(출 26:31). 성소의 휘장은 에덴으로 들어가는 문을 상징한다. 닫혀 있었던 에덴의 문이 활짝 열렸다는 것을 의미한다. 참고로 지성소에덴를 가로막고 있었던 휘장의 높이는 무려 25m, 두께는 2.5cm였다. 세마포로 만든 이 휘장은 소나 말이 끌어도 찢을 수 없었다고 한다. 즉 인간 스스로는 절대 불가능하며 오직 하나님만이 가능하시다.

이제 우리는 에덴으로 들어갈 수 있다. 예수님의 보혈에 힘입어 찢어진 휘장 사이 지성소로 들어가는 담력을 얻었다. 에덴으로 들어가면 에덴에 있는 네 개의 강이 흘러 우리의 영혼에 흐르게 된다. 이것이 구

원이다. 구원받은 모든 사람이 누려야 할 복음의 영광이다. 그런데도 여전히 죄책감에 짓눌려 살면 강 같은 풍성함을 누릴 수 없게 된다. 그렇게 살라고 예수님께서 십자가에서 달려 죽은 것이 아니다. 이 네 강의 모든 축복, 번성, 풍요, 기쁨을 누리라는 것이다.

이 기쁨을 빼앗겨서는 안 된다. 우리는 이 기쁨을 소유해야 한다. 천국은 마치 밭을 갈다가 발견한 보화와 같다. 이것을 뺏기겠는가? 이전에 가졌던 모든 소유물을 다 버려도 우리는 천국의 기쁨을 지켜야 한다. 이것이 하나님 아버지와의 회복된 관계 속에서 우리에게 주어지는 진정한 축복이고, 능력이고, 영성이다.

> [18]너희 마음의 눈을 밝히사 그의 부르심의 소망이 무엇이며 성도 안에서 그 기업의 영광의 풍성함이 무엇이며 [19]그의 힘의 위력으로 역사하심을 따라 믿는 우리에게 베푸신 능력의 지극히 크심이 어떠한 것을 너희로 알게 하시기를 구하노라 (엡 1:18-19)

이미 성취된 것이면 모든 사람이 그냥 누려야 되는 것인데 바울은 십자가에서 완성되고 이루어진 것을 기도한다고 했다. 그 이유는 방해하는 세력들이 있기 때문이다. 마귀의 거짓말로 인해서 여전히 복음의 혜택을 누리지 못하는 이들이 있음을 의미한다.

똑같이 최신형 핸드폰을 구매했다. 자녀들은 많은 기능을 사용하고 있지만, 부모들은 전화, 문자, 사진 정도만 사용한다. 핸드폰이 가지고 있는 많은 기능들을 몰라서 못쓴다. 어떤 사람들은 아이폰을 쓰면서도 그저 쓰는 것이 인터넷이나 카톡이 전부인 경우도 있다. 그 안에 얼마나 무궁무진한 기능들이 있는데 겨우 그 정도 기능을 쓰기 위해서 100만 원 이상의 핸드폰을 쓴다면 그것은 낭비일 뿐이다.

복음이 그런 것이다. 하나님을 아는 지식을 넓혀야 한다. 복음이 무엇인지를 깨달아야 한다. 에베소서는 불신자가 아닌 기존 신자에게 쓴 것인데 그런데도 그들이 모른다는 것이다. 모든 사람이 복음의 영광과 이 복음의 풍성함을 다 누리고 있는 것은 아니다. 그래서 바울이 '너희로 알게 하시기를 구하노라.'라고 쓰고 있다. 우리는 마귀가 어떤 존재인지를 분명히 알아야 한다.

> 너희는 너희 아비 마귀에게서 났으니 너희 아비의 욕심대로 너희도 행하고자 하느니라 그는 처음부터 살인한 자요 진리가 그 속에 없으므로 진리에 서지 못하고 거짓을 말할 때마다 제 것으로 말하나니 이는 그가 거짓말쟁이요 거짓의 아비가 되었음이라 (요 8:44)

마귀는 거짓말을 할 때마다 마치 거짓말이 진리인 것처럼 말한다. 우리는 그 거짓말에 자꾸 속아 넘어간다. 설교 듣고 은혜받았는데도 세상에만 나가면 마귀의 한마디에 금방 넘어지는 일도 있다. 설교를 들을 때는 한 두 번 겨우 '아멘' 하고서는 세상에 나가서는 끊임없이 '아

• 그 사랑에 담다.

멘'한다. 골리앗의 외침에도 '아멘!', 드라마 보고도 '아멘!', 영화나 웹툰을 보고도 '아멘!'이라고 한다. 마음으로 자주 동의한다는 뜻이다.

 우리가 자꾸 거짓말에 속는 것은 여전히 우리 안에 연약함과 죄성이 존재하고 있기 때문이다. 그래서 주님도, 사도들도 늘 성령 충만을 받아야 한다고 했다. 회개하고 구원받은 자들에게 성령의 내주하심은 한 번으로 족하다. 그러나 성령의 충만함은 그렇지 않다. 계속해서 간구하며 우리는 날마다 성령의 충만함을 받아야 할 필요가 있다. 그 성령의 충만함을 받을 때 하나님 아버지와의 관계를 통해서 에덴에 흐르는 강들의 풍성함을 누릴 수 있다.
 만약 집에 금덩어리 100톤이 있어 누가 훔쳐 간다고 한다면 우리는 눈을 부릅뜨고 그것을 지키려고 할 것이다. 그런데 이미 주어진 영적인 축복은 눈에 보이지 않기 때문에 '지켜야 한다.'라는 생각을 못 한다. 에서가 팥죽 한 그릇에 장자권을 팔아먹듯 영적 축복에 대해 소중함이 없다. 너무나 쉽게 뺏기고 잃어버린다. 그러나 지켜야 한다. 샬롬은 나의 것이다. 주님께서 나에게 주신 선물이다.

> 우리가 알거니와 하나님을 사랑하는 자 곧 그의 뜻대로 부르심을 입은 자들에게는 모든 것이 합력하여 선을 이루느니라 (롬 8:28)

 '하나님을 사랑하는 자 곧 그 뜻대로 부르심을 입은 자'는 관계를 의미한다. 이 관계 속에 있는 자들에게 모든 것이 합력하여 선을 이룬다는 것이다. 모든 것이 합력하여 선을 이룬다는 것은 하나님의 목적이 이루어진다는 뜻이다. 무조건 모든 것이 잘 되고 자기가 원하는 대로 다 이루어진다는 것은 지극히 주관적이고 잘못된 생각이다. 우리 인생에 항상 좋은 것만 있지 않은 이유가 바로 그것이다. 음식의 맛을 낼 때도 짠맛, 매운맛, 신맛, 쓴맛, 달콤한 맛, 고소한 맛 등등. 다양한 맛들이 섞여 서로 조화를 이룰 때 맛있는 요리가 나오듯이 모든 것이 합력하여 선을 이룬다는 것이 바로 그런 의미이다.

그래서 우리 인생은 내리막길도 있고 오르막길도 있는 것이다. 요셉에게는 웅덩이도 있었고, 한 나라의 이인자로 세워질 때도 있었고, 올려질 때도 있었고, 내려질 때도 있었다.

이런 모든 상황 가운데 하나님을 사랑하고 그 뜻대로 부르심을 받은 자들에게 존재하는 하나님의 놀라운 선한 목적이 우리 인생에서 이루어진다. 이것은 반드시 조건적이다. 하나님을 미워하는 자, 하나님을 의심하는 자, 하나님을 신뢰하지 못하는 자는 그런 혜택을 누릴 수 없다.

> [17]하나님은 약속을 기업으로 받는 자들에게 그 뜻이 변하지 아니함을 충분히 나타내시려고 그 일을 맹세로 보증하셨나니 [18]이는 하나님이 거짓말을 하실 수 없는 이 두 가지 변하지 못할 사실로 말미암아 앞에 있는 소망을 얻으려고 피난처를 찾은 우리에게 큰 안위를 받게 하려 하심이라 [19]우리가 이 소망을 가지고 있는 것은

영혼의 닻 같아서 튼튼하고 견고하여 휘장 안에 들어가나니
(히 6:17-19)

　이 말씀은 아브라함이 믿음을 통하여 얻은 하나님과의 관계 안에서 선포된 말씀이다. 하나님께서 자기 이름을 걸고 아브라함에게 맹세하셨다. 아브라함은 하나님의 맹세를 전적으로 신뢰했기에 그는 아들을 바쳤다. 하나님의 맹세와 아브라함의 믿음은 아브라함만을 위한 것이 아니고 모든 믿음의 후손들의 것이었다. 그래서 아브라함을 믿음의 조상이라 하고 그 믿음은 오늘 우리에게까지 흘러온 것이다. 하나님의 약속과 하나님의 맹세는 여전히 변함없으시다. 만약 우리가 상황과 환경 속에 좌지우지되고 있다면 하나님과의 신실한 관계는 무너져 있는 것이다.

　우리가 이 소망을 가지고 있는 것은 영혼의 닻 같아서 튼튼하고 견고하여 휘장 안에 들어가나니 (히 6:19)

　닻은 배가 움직이지 못하도록 내리는 것이다. 정확한 장소에 안착이 되면 배는 흘러 떠내려가지 않는다. 이것을 영혼의 닻 같다고 말한다. 튼튼하고 견고한 것이라고 말한다. 소망을 그렇게 표현하고 있다. 우리의 소망은 흔들리지 않는다. 왜냐하면 하나님께서 맹세로 보증하셨기 때문이다. 오늘도 하나님께서는 우리에게 '내가 너와 함께 하리라. 내가 너를 반드시 구원하리라. 내가 너를 복 주고 복 주리라. 그러므로 전

적으로 나를 신뢰하라.'라고 말씀하신다.

> ¹하나님은 우리의 피난처시요 힘이시니 환난 중에 만날 큰 도움이시라 ²그러므로 땅이 변하든지 산이 흔들려 바다 가운데에 빠지든지 ³바닷물이 솟아나고 뛰놀든지 그것이 넘침으로 산이 흔들릴지라도 우리는 두려워하지 아니하리로다 (시 46:1-3)

우리는 가장 안전한 하나님이라는 피난처 안에서 최고의 보호를 받고 있다. 이것은 오직 하나님과의 건강한 관계에서만 누릴 수 있는 것이다. 우리가 두려워하지 않는 이유는 1절의 말씀처럼 하나님께서 우리의 피난처이며 큰 도움이 되시기 때문이다.

살면서 눈으로 직접 땅이 흔들리고, 산이 흔들리고, 바다에서 물이 솟구치는 상황을 본 적은 많지 않다. 시편 기자가 말하고 있는 이 상황은 우리 인생에서 벌어지는 크고 작은 환난들을 말하는 것이다. 사람과 사람과의 관계, 민족과 민족과의 관계 속에서 벌어지는 일들을 말하는 것이다.

그런데 소망의 바다에 영혼의 닻을 내린 사람은 이런 상황이 온다고 할지라도 '나는 결코 두려워하지 아니할 것이다.'라고 고백할 수 있는 것은 하나님께서 우리의 피난처이기 때문이다. 우리는 누려야 된다. 그것이 구원받은 자들의 축복이다. 우린 능히 그런 자격이 있다. 오직 예수 그리스도 안에서.

• 그 사랑에 담다.

변호사였던 호레이쇼 스펫포드Horatio Gates Spafford, 1828-1888라는 작사가가 있다. 어느 날 자신의 사업장이 화재로 다 타버려 잿더미만 남았다. 엎친 데 덮친 격으로 사업체만 탄 것이 아니라 첫째 아들이 풍토병에 걸려서 죽고 말았다. 그래서 남은 가족들은 본국인 영국에 가서 쉴 수 있도록 배를 태워 보냈는데 아내에게서 전보가 왔다. 남은 네 자녀가 대서양을 지나가다가 풍랑을 만나 바다에 다 빠져 죽었다는 소식이었다. 스펫포드는 자녀들이 죽었다는 그 바다로 갔다. 그런데 언제 그런 일이 있었냐는 듯 바다는 평온한 모습이었다. 그 바다를 바라보며 배 위에서 만든 곡이 '내 평생에 가는 길 늘 순탄하여~'라는 찬양이다.

나에게 이와 같은 상황이 왔다면 스펫포드처럼 고백할 수 있었을지 생각해 본다. '순탄하다.'라는 표현은 모든 것이 하나님의 뜻대로 진행되고 있다는 것을 의미한다. '하나님의 선택은 모든 것이 옳다.'라는 고백이다. 비록 다섯 자녀를 다 데려가셨지만 그 또한 '옳고 선하시다.'라는 고백이다. 이것은 하나님과 깊은 관계 속에서만 나올 수 있는 고백이다.

이처럼 깊은 관계가 영성이다. 이러한 관계 안에서 성령의 능력이 나타나는 것이다. 하나님과 나와의 관계가 선한 영향력이다. 교만하거나 가증한 눈빛을 가지고 능력 있는 척하지 말라. 그건 절대로 능력이 될 수 없다. 그것은 영혼을 살리는 눈빛이 아니다. 정직하고 겸손하자. 그래야 어떤 상황에 처할지라도, 어떤 소리를 들었다 할지라도 오직 하나님과의 신실한 관계로 인하여 모든 상황을 능히 극복하고 이겨낼 수가 있다.

설교를 백 번, 천 번을 들어도 결국 이 관계의 영성이 없는 한, 우리의 삶은 폭풍우 가운데 있는 것처럼 불안하고 두려울 수밖에 없을 것이다. 그러나 하나님과의 관계가 분명하다면 스펫포드와 같이 어떤 상황에서도 하나님을 예배할 수 있는 진정한 예배자들로 세워질 것이라고 믿는다.

> 우리가 함께 모여서 예배하고,
> 우리가 함께 공동체로 존재하는 이유는
> 거창하지 않다.
> 바로 한 사람의 영혼을
> 구원하기 위함이다.
> 한 영혼의 소중함을 깨닫는다면
> 열방을 향한 하나님의 구원 계획은
> 반드시 교회를 통해서 이루어진다.

Chapter 4

꺾지 않으시고 끄지 않으시는 그 사랑

"[17]이는 선지자 이사야를 통하여 말씀하신바 [18]보라 내가 택한 종 곧 내 마음에 기뻐하는바 내가 사랑하는 자로다. 내가 내 영을 그에게 줄 터이니 그가 심판을 이방에 알게 하리라 [19]그는 다투지도 아니하며 들레지도 아니하리니 아무도 길에서 그 소리를 듣지 못하리라 [20]상한 갈대를 꺾지 아니하며 꺼져가는 심지를 끄지 아니하기를 심판하여 이길 때까지 하리니 [21]또한 이방들이 그의 이름을 바라리라 함을 이루려 하심이니라"(마 12:17-21)

이사야서 42장 3절의 '상한 갈대를 꺾지 아니하며 꺼져가는 등불을 끄지 아니하고 진실로 정의를 시행할 것이며….'라고 예수님께서 말씀하신다. 십자가를 통한 하나님의 구속 사역, 이것이 하나님의 정의이다. 이 하나님의 정의는 예수님께서 이 땅에 오셔야만 이루어지는 것이다.

18절에 '내가 택한 종 곧 내 마음이 기뻐하신바 내가 사랑하는 자로다. 내가 내 영을 그에게 줄 터이니 그가 심판을 이방에 알게 하리라'라는 말씀에서 심판을 이방에 알게 하신다는 의미는 심판 자체를 목적으로 오신다는 것이 아니라 정의를 드러내신다는 뜻이다.

하나님의 정의로운 판단은 결국 상한 심령으로 오직 하나님의 나라를 구하고 기다린 자들에게 구원을 베푸신다. 상한 갈대 같은 자들을 구원하러 오신다. 꺼져가는 등불 같은 자들에게 심판받지 않는 길을 알려 주신다. 그래서 멸망당하지 않는 십자가의 길, 진리의 길로 초청하신다. 계속해서 고집부리고 그 길, 심판의 길에 서 있는 자들에게는 구원의 기회가 없는 것이며 이것은 세상을 사랑하시는 우리 아버지가 원하시는 것이 절대로 아니다.

19절의 말씀처럼 이사야 42장에서는 '큰 소리로 외치지 아니하리라'라고 말씀하셨다. 당시 세계를 제패하고 있었던 제국의 왕들은 큰소리를 쳤을 것이고 어마어마한 군대를 이끌며 자신들의 능력으로 그들을 위협했을 것이다. 그러나 우리를 구원하시는 하나님의 종 메시아의 모습은 전혀 다른 모습이었다. 그래서 '그는 다투지도 아니하며 들레지도 아니하리니….'라고 하신다(마태복음 12:19).

여기에 공통적인 메시지가 있다. '모든 이방들이 그것을 기다리고 또 그것을 바랄 것이다.'라는 것이다. 이사야서 말씀과 마태복음 말씀처럼 모든 이방들은 그것을 기다리고 기다려야 한다. 그 시대는 예수님께서 이 땅에 오셔서 우리를 억압하고 있는 죄와 마귀의 권세를 심판하기 위해 십자가를 지시고 또 부활하실 때이기 때문이다.

그러므로 하나님 아버지의 정의는 상한 갈대와 꺼져가는 등불 같은 영혼들, 즉 심령이 가난한 자들, 애통해하는 자들, 온유한 자들, 의에 주리고 목마른 자들, 긍휼이 여기는 자들, 마음이 청결한 자들, 화평하게 하는 자들, 의로 인하여 핍박받는 자들을 향한 사랑이다(마 5:1-10).

예수님께서는 겟세마네 동산에서 기도하실 때 인간적인 모습으로 아버지 앞에 구하셨다. '이 잔을 내게서 옮기시옵소서….'(막 14:36)라고 기도 하시지만 예수님은 온전히 순종하심으로 아버지의 뜻을 이루셨다.

주님은 죽으러 오신 것이다. 이런 주님께서 단지 죽음이 무서워서 '이 잔을 내게서 지나가게 해달라.'라고 하셨을까? 스데반도 천사의 얼굴로 죽음을 맞이했다. 심지어 제자 베드로도 십자가를 거꾸로 지고 당당하게 죽음을 받아들였다. 기독교 역사 속의 많은 순교자가 사형당하면서도 당당하게 순교를 당한 많은 기록이 있는데 예수님께서 단지 육체적 죽음이 두려워서 이 잔을 내게서 멀리해 달라고 하지는 않았을 것이다. 그에 대해서는 다음에 나누게 될 것이다. 지금 나누고 싶은 것은 예수님께서 '이 잔을 내게서 멀리해 달라.'라고 하셨지만, '아버지 뜻대로 하시옵소서.' 하고 십자가의 죽음을 맞이하셨다는 것이다. 그 이유는 죽음이 아무리 고통스러워 피하고 싶다고 할지라도 우리를 향한 사랑이 훨씬 더 컸기 때문이다.

비유하자면 어느 날 갑자기 자식이 사고를 당해 뇌사로 판정받자 그 부모가 냉철한 판단을 내려서 모든 장기를 다른 사람들에게 나누었다. 그중에 아들의 심장이 어떤 아이를 살려 그 아이에게서 자신 아들의 심장이 뛰고 있는 것을 보게 된다면 그 부모의 마음에 많은 감동이 일어날 것이다. '우리 아들의 심장이 또 다른 아이의 생명 안에서 뛰고 있구나. 저 아이를 살렸구나!' 하고 그 아이가 내 자식이 아닐지라도 귀하고 소중하게 느껴질 것이다.

이 이야기는 예를 들어서 말한 것이지만 예수님의 죽음으로 영원히 죽을 수밖에 없는 우리가 새로운 생명을 얻어 살아가는 것을 보는 하나님의 마음과는 비교가 안 될 것이다. 예수님의 생명이 우리 안에 있다. 예수님께서 우리 안에 사신다. 하나님께서는 우리를 우리가 생각하는 것보다 훨씬 더 소중히 여기신다.

내가 그리스도와 함께 십자가에 못 박혔나니 그런즉 이제는 내가 사는 것이 아니요 오직 내 안에 그리스도께서 사시는 것이라 이제 내가 육체 가운데 사는 것은 나를 사랑하사 나를 위하여 자기

• 그 사랑에 담다.

자신을 버리신 하나님의 아들을 믿는 믿음 안에서 사는 것이라
(갈 2:20)

우리가 하나님께 얼마나 소중한지 알아야 한다. 하나님의 아들 예수께서 날 위해서 대신 죽으셨다. 이 상한 갈대 같고 꺼져가는 등불 같은 나를 위해서 예수님께서 죽으셨다. 예수의 생명이 내 안에 있다. 날 위해 예수 그리스도께서 죽으셨다는 이 사실을 믿고 있다면 끝까지 사랑하신 그 사랑을 신뢰한다면 내가 얼마나 소중한 존재인지를 알아야 한다.

제자들의 모습을 보면 참으로 형편없는 모습들이었다. 예수님께서 잡히시자 그들은 예수님을 다 버리고 도망쳤다. 그런데 예수님은 끝까지 찾아가셔서 결국 그들을 다시 세우셨다. 예수님의 그 사랑은 우리를 끝까지 사랑하시는 참되고 진실한 사랑이다(요 13:1).

여호수아 2장 9절-11절에서 라합의 입을 통해서 하나님을 어떤 하나님이라고 고백하고 있는지 살펴보자. 9절을 보면 '말하되 여호와께서 이 땅을 너희에게 주신 줄을 내가 아노라 우리가 너희를 심히 두려워하고 이 땅 주민들이 다 너희 앞에서 간담이 녹나니 이는 너희가 애굽에서 나올 때에 여호와께서 너희 앞에서 홍해를 마르게 하신 일과 너희가 요단 저쪽에 있는 아모리 사람의 두 왕 시혼과 옥에서 행한 일 곧 그들을 전멸시킨 일을 우리가 들었음이니라.'라고 말했다.

그들은 엄청난 소식과 소문을 들은 것이다. 라합은 하나님에 대해 경

외함이 있었다. 그래서 하나님은 그녀를 찾아내신다. 여리고와 함께 진멸시킬 수 있었으나 하나님은 그 여인의 믿음을 보시고 찾아오셨다. 상한 갈대를 꺾지 않으셨다. 꺼져가는 등불을 끄지 않으셨다. 그 이방인들 가운데 라합과 룻은 예수님의 족보에 들어가 있는 이들이 되었다. 모든 열방을 향한 하나님의 계획하심을 보여 주고 계신 것이다.

여기 상한 갈대 하나가 있다. 누군가 손으로 치지 않아도 저절로 쓰러진다. 세우면 쓰러지고, 세우면 또 쓰러지고…. 상한 갈대는 한번 꺾이면 스스로 설 수도 없다. 그러나 이걸 세우기 위해서는 지지대가 필요하다. 지지대를 옆에 세워놓고 붙잡아야 세울 수 있다. 꺼져가는 등불을 설명하기 위해 초 하나를 켜보자. 촛불이 타오르며 빛을 발하지만 움직이면 곧 꺼진다. 옆에서 숨 쉬다가 콧김에 꺼질 수도 있고 흔들흔들하다가 바람에 꺼져버릴 수도 있다. 그러나 꺼져가는 등불을 우리 주님은 끄지 않으신다.

사도행전 15장 15-17절을 보면 '선지자들의 말씀이 이와 일치하도다. 기록된바 이후에 내가 돌아와서 다윗의 무너진 장막을 다시 지으며 또 그 허물어진 것을 다시 지어 일으키리니 이는 그 남은 사람들과 내 이름으로 일컬음을 받는 모든 이방인들로 주를 찾게 하려 함이라 하셨으니'라고 말씀하신다. 이것이 열방을 향한 하나님의 계획하심이요, 하나님의 정의다.

다윗의 무너진 장막을 다시 일으키시고 허물어진 것을 다시 세운다는 것은 예수 그리스도를 통해서 새롭게 세워질 성전을 의미하고 있다. 그것은 건물로 세워지는 성전을 말하는 것이 아니다. 어떤 운동을 말하는 것이 아니다. 예수 그리스도의 몸으로 세워지는 교회를 의미하는 것이다. 세계 열방 가운데 하나님의 구원 계획을 교회를 통해서 이루신다는 것이다.

교회! 이것이 바로 아버지의 마음이다. 교회를 통해서, 우리의 공동체를 통해서 열방을 향한 구원 계획이 이루어진다. 영혼을 살리는 구원의 방주의 역할을 하기 위해서 우리가 모이는 것이다.

함께 모여서 예배하고 함께 공동체로 존재하는 이유는 바로 한 사람의 영혼을 열방 가운데서 구원하기 위함이다. 교회가 선교와 예배의 사명을 감당하지 않고 엉뚱한 곳에 힘쓰고 인간의 욕망과 야망을 누리기 위한 도구로 사용되지 말아야 한다. 만약 그렇다면 그것은 이미 교회도 아니고, 기독교도 아니다.

진리를 선포하는 교회는 예배와 선교를 위해서 존재한다. 그러므로 하나님께서 우리를 세상에 보내신 것이다. 이 사명을 아는 사람이 하는 일은 성직이 된다. 거룩한 직업, 이것은 주님의 뜻이다. 오늘 우리에게 주어지는 어떤 직업도 성직이다. '저는 전업주부인데요. 직업도 없고 애들만 키워요.'라고 말한다. 전업주부 역시 성직이다. 하나님께서 당신의 자녀를 통해서 열방을 구원할 계획을 세우시고 계신데 이 자녀를 말씀으로, 복음으로 잘 양육한다는 것은 그 어떤 일보다 더 소중하다.

성직이 아닌 것은 없다. 어떤 일을 해도 성직이다. 범죄가 아니라면 그 어떤 일을 한다고 할지라도 지위가 높든, 낮든, 나에게 주어진 모든 직업은 하나님께서 예배와 선교를 위해서 우리에게 주신 사명이다. 그래서 모든 직업은 거룩하다.

> 나 여호와가 의로 너를 불렀은 즉 내가 네 손을 잡아 너를 보호하며 너를 세워 백성의 언약과 이방의 빛이 되게 하리니
> (사 42:6)

구원은 메시아를 통해 성취되지만 하나님께서는 이스라엘을 이방의 빛이 되라고 제사장의 나라로 부르셨다. 사실 그들도 이방에서 건져 냄을 받은 자들이다. 그들의 조상 아브라함을 우상의 땅에서 하나님께서 불러내셨고 믿음의 조상으로 그를 세우셨다. 또한 그들을 애굽에서 건져 내셨다. 그러나 그들은 실패했다. 로마서 9장, 10장, 11장을 통해서 그들의 실패가 하나님의 실패는 아니라고 말한다. 오히려 그들이 실패함으로 인해서 열방이 하나님께 돌아오게 되었고 이것을 하나님의 신비라고 표현한다.

이스라엘에서 태어난 사람이라고 해서 자동으로 구원받지 않는다. 그들도 예수 그리스도를 통하지 않으면 구원받을 수 없다. 예수 그리스도를 믿지 않으면 전도의 대상이다. 지금은 그들도 모든 열방 중의 한 나라일 뿐이다. 유대 혈통을 통해서 이스라엘을 구원하는 것이 하

나님의 뜻이 아니었다. 오직 예수 그리스도를 믿는 믿음을 통하여 영적 이스라엘, 아브라함의 영적 자손이 되는 것이다. 다시 말해 우리가 팔레스타인에 있는 이스라엘의 국민이 되었다는 것이 아니고 영적인 이스라엘이 되었다는 것이다.

> 곧 육신의 자녀가 하나님의 자녀가 아니요 오직 약속의 자녀가
> 씨로 여기심을 받느니라 (롬 9:8)

궁극적으로 아버지의 마음이 향하는 곳은 바로 한 사람, 한 영혼이다. 한 영혼에게 아버지의 마음이 향하고 있다. 나 자신이 얼마나 소중한 존재인지를 안다면 아버지의 마음이 향하고 있는 그 한 사람의 소중함도 쉽게 알 수 있다. 그 소중한 한 사람이 나 때문에 시험 들어서 교회 공동체를 떠나는 일이 생기면 안 될 것이다. 한 영혼을 소중하게 생각하고 소중하게 돌보아야 한다. 그들은 나와 같이 상한 갈대이고 꺼져가는 등불이다.

그런데 교회 공동체에서 '난 소중한 사람이야~ 나한테 똑바로 하란 말이야.'라는 이런 자세를 가지고 목을 뻣뻣이 세우고 큰소리치고 '교회가 왜 이 모양이냐?'라고 하는 것은 상한 갈대가 아니다. 꺼져가는 등불이 아니다. 예수님과 함께 식사했던 세리와 죄인들을 보면 그들은 겸손하고, 연약하고, 갓난아이와 같았고, 도움을 필요했고, 버팀목이 필요했다. 우리가 그 역할을 해 주어야 하는 것이다. 그들이 설 수 있도록 영적인 갓난아이가 잘 성장해서 훌륭한 어른이 될 수 있도록 말이

다. 그것이 교회의 역할이다.

> 너희는 가서 내가 긍휼을 원하고 제사를 원하지 아니하노라 하신 뜻이 무엇인지 배우라 나는 의인을 부르러 온 것이 아니요. 죄인을 부르러 왔노라 하시니라 (마 9:13)

여기서 죄인은 바로 상한 갈대, 꺼져가는 등불이다. 상한 갈대는 위에 설명한 것처럼 절대로 스스로 설 수 없다.

여전히 그리스도가 없는 세상 사람들은 암흑 같은 어두운 혼돈의 바닷속에서 허우적거리고 있는 영혼들이다. 마치 자기가 스스로 설 수 있다는 착각 속에 빠져서 허우적거리고 있는 썩은 동아줄을 붙들고 사는 자들이다. 스스로 설 수 있다고 착각하면 안 된다. 예수님께서 '나는 포도나무요 너희는 가지다. 너희는 나를 떠나서는 아무것도 할 수 없다(요 15:5).'라고 하신 말씀을 기억하자.

병자들에게는 의사가 필요하다. 상태가 심각할수록 병자들은 의사의 권위를 더욱 존중하고 순종한다. 그런데 멀쩡하고 아픈 곳이 없는 이들은 의사의 말에 귀를 기울일 필요가 없다. 내가 환자가 아닐 때는 의사가 날마다 이야기해도 그 말이 내 귀에 안 들어온다. 아무리 나를 위해 하는 말이라 할지라도 의사가 내게 무슨 말을 하든지 '나랑 무슨 상관이야. 아무 상관도 없어!'라며 귀를 기울이지 않는 것이다.

그러나 내가 상한 갈대가 되고, 꺼져가는 등불이 되면 하나님 말씀에 귀를 기울이게 된다. 몸이 아프면 의사의 말은 물론이요, 주위의 작은 소리에도 귀 기울이고 인터넷을 찾아보면서 온갖 자료들을 모으고 실천해 보고자 한다. 주님의 말씀 앞에 귀를 기울였던 마르다의 여동생 마리아처럼 우리는 주님의 말씀 앞에 귀를 기울여야 한다.

그런데 그러한 연약하고 상한 심령들에게 거짓말로 속이고 거짓 복음으로 속이는 이들이 있다.

> [13]이는 그들이 가장 작은 자로부터 큰 자까지 다 탐욕을 부리며 선지자로부터 제사장까지 다 거짓을 행함이라 [14]그들이 내 백성의 상처를 가볍게 여기면서 말하기기를 평강하다 평강하다 하나 평강이 없도다 (렘 6:13-14)

영적 지도자들이 타락하면 거짓말을 한다. 사람들에게 듣기 좋은 말만 한다. 진짜 선지자들은 잡아서 죽이고 구덩이에 가둬 버린다. 하나님은 진노하시고 선지자들은 계속해서 회개하라고 외친다.

이런 상황에서 거짓 선지자들은 14절 말씀처럼 계속해서 '괜찮아요. 괜찮아요. 하나님이 평강하다고 말씀하고 계십니다. 괜찮아요. 괜찮아요. 당신네 자녀들은 다 잘 될 거예요. 하는 일마다 다 잘 될 거예요. 뒤로 자빠져도 코에 다이아몬드가 박힐 겁니다.'라는 식의 이야기를 한다. 이들은 심판받을 것이다. 거짓된 지도자들은 훨씬 더 심각한 심판을 받을 수밖에 없다.

³여호와의 소리가 물 위에 있도다. 영광의 하나님이 우렛소리를 내시니 여호와는 많은 물 위에 계시도다 ⁴여호와의 소리가 힘 있음이여 여호와의 소리가 위엄차도다 ⁵여호와의 소리가 백향목으로 꺾으심이여 여호와께서 레바논 백향목을 꺾어 부수시도다
(시 29:3-5)

백향목은 레바논에서 자라는 엄청나게 튼튼한 나무다. 백향목은 성경에서 아름답고, 향기롭고, 안정적이고 긍정적인 의미로 표현되지만 이 말씀에서는 부정적이고 교만한 상한 갈대로 표현되고 있다. 하나님 앞에 교만하면 어떻게 되는가? 하나님께서 꺾어 버리신다.

자신이 상한 갈대와 같은, 꺼져가는 등불과 같은 상태가 아니라고 생각하는 사람은 하나님의 말씀에 귀를 기울이지 않는다. 백향목처럼 뻣뻣하고 교만하여 '평강하다. 평강하다.'라는 거짓된 말과 자기가 듣고 싶은 소리에 속아서 결국은 하나님의 심판에서 피할 수가 없게 될 것이다.

사무엘하 18장 9절에 보면 압살롬은 아버지 다윗을 왕위에서 끌어내리고자 반란을 일으키고 심지어 죽이려고 했던 아들이다(삼하 15:14). 그런데 이 압살롬의 반란은 실패로 돌아가고 후에 다윗의 부하들과 마주쳐 노새를 타고 도망가는데 상수리나무에 머리카락이 걸려 버린다(삼하 18:9). 압살롬의 머리카락은 아름다운 것으로 잘 알려졌다. 키가 크고, 영화배우처럼 아름답고 그에게 가장 자랑스러웠던 멋있

는 머리카락이 그를 죽이게 했다. 백향목 같은 교만과 그 뻣뻣함이 자신을 죽음에 빠뜨리고 말았다.

시편 51편은 다윗이 회개하는 노래다. 특히 17절에서 하나님께서 구하시는 제사는 상하고 통회하는 심령을 말하고 있다. 하나님께서 원하시는 예배는 상한 갈대 같은 마음의 예배요, 통회하는 등불 같은 마음의 예배이다.

이사야서 61장 1절에도 예수 그리스도께서 우리에게 오셔서 가난한 자에게 아름다운 소식을 주시고, 마음이 상한 자를 고치고, 포로 된 자에게 자유를, 갇힌 자에게 놓임을 선포한다고 말씀하고 있다. 갇히지도 않았고, 포로도 아니고, 마음도 상하지 않았다고 하는 자들에게 이 구원의 메시지는 한낱 스쳐 지나가는 의미 없는 바람에 불과하다.

마태복음 5장 3절에서 예수님께서 선포하셨다. '심령이 가난한 자가 복이 있다.'라는 말씀에서 '심령이 가난하다.'라는 것은 일반적인 가난이 아니다. 히브리어로는 'אֶבְיוֹן에브욘' 절대 빈곤, 완전 가난을 의미한다. 앞으로 어떻게 살아가야 할지 모르는, 오직 하나님만을 의지할 수밖에 없는 완전한 가난을 의미하는 것이며 이것은 헬라어의 'πτωχός 프토코스'와 같은 가난을 의미한다. 한 마디로 두 렙돈을 드렸던 과부는 전부를 드렸던 것이다.

이 절대 가난은 결국 온유함으로 이끌어 줄 수밖에 없다. 온유함은 한 마디로 순종하는 능력이다. 순종하는 능력! 심령이 가난한 자들은 하나님의 말씀에 귀를 기울일 수밖에 없다. 절대 가난은 우리를 온유함으로 이끌어 준다. '주님 내게 말씀하십시오. 제가 듣겠습니다.'라는 자세로 하나님의 말씀에 귀를 기울인다.

그런데 'πτωχός프토코스'와는 다른 의미의 '가난'이라는 뜻을 가진 'πένης페네스'라는 단어가 있다. 이것은 절대 가난이 아니다. 어느 정도 가난한 것을 의미한다. 죽을 정도의 가난이 아니기 때문에 타협할 수 있다. '아직은 괜찮을 것 같아.'라는 생각을 하게 만드는 이런 가난은 우리를 온유함으로 이끌어 주지 못한다. 더 깊은 단계로 나아가지 못한다. 지금 절대 순종을 하지 않아도 당장은 살 수 있을 것 같은 'πένης페네스'의 가난, 이것이 문제다.

예수님께서 말하는 심령의 가난함은 바로 프토코스의 가난이다. '주님, 우리에게 그런 가난한 마음과 갈망을 주시옵소서. 사슴이 시냇물을 찾아 헤매듯이 그 갈망을 주시옵소서.' 그 갈망은 고난 속에서 온다. 우리 인생에 고난이 없으면 우리는 교만에 빠질 수밖에 없다. 고난이 와야 깨닫게 되는 것은 어쩔 수가 없나 보다. 그래서 고난이 우리에게 유익이다(시 119:71).

고난이 오지 않아도 심령이 가난할 수 있다면 큰 축복이다. 그런데 우리가 교만해서 깨닫지 못할 때는 주님께서 우리를 광야로 보내셔서 광야 학교에서 우리에게 순종을 가르치신다. 그때는 하나님 원망하지 말고 교만한 나 자신을 돌아보고 다시 한번 순종의 학교에서 한 걸음 한 걸음 순종을 배워가는 예배자가 되기를 바란다. 잔머리는 압살롬의 머리카락처럼 오히려 자기를 죽이게 되는 결과를 가져올 수 있으므로 다 쳐 내버려야 된다. 이렇게 상한 갈대와 꺼져가는 등불을 하나님께서는 절대 포기하지 않으신다.

호세아 11장 8-9절에 '에브라임이여 내가 어찌 너를 놓겠느냐.' 또 요한복음 13장 1절에 '하나님의 사랑은 끝까지 하는 사랑이라.'라고 말씀한다. 그것이 십자가를 통한 하나님의 사랑이다. 나 같은 자를 위해서 십자가에 달려 죽으신 상상할 수도 없는 하나님의 사랑! 상한 갈대를 꺾지 않으시고, 꺼져가는 등불을 끄지 아니하시는 열방을 향한 하나님의 열심은 지금, 이 순간에도 멈추지 않으신다. 하나님의 열심이 우리의 열심되기를 소망한다.

하나님의 정의는 온 열방에 당신의 뜻을 이루시기 위해서 지금도 진격하신다. 우리는 하나님의 군대이며 이 복음의 군대들이 바로 이 땅의 교회다. 함께 모여 예배하며 진리의 말씀으로 은혜 받은 예배자들이 세상에 나가서 순교적 삶을 사는 이 거룩한 사이클을 통해서 하나님의 나라는 계속해서 전진한다. 그러므로 주님께서 재림하실 때까지 교회는 절대 패배하지 않는다. 교회는 승리한다. 반드시 하나님의 정의가 이루어질 것이기 때문이다.

" 구원받은 우리는 천국 가기 위해
신앙생활 하는 것이 아니다.
천국은 이미 우리에게 주어진 것이다.
내 이름이 생명책에 기록되었는데
천국 가기 위해서 신앙생활을 하는 것은 아니다.
우리는 사명을 감당하기 위해서
신앙생활 하는 것이다. "

Chapter 5

날 위해 죽으신 그 사랑

하나님께서는 영광과 찬송을 받으시기 위하여 우리를 창조하셨다. 그것이 우리가 존재하고, 숨 쉬고 살아가는 이유다. 그리고 복음을 전하기 위하여, 전도를 위하여, 선교를 위하여 이 땅에 교회를 세우시고 우리를 교회로 부르셨다. 이것을 잃어버리는 순간 우리는 존재할 이유가 없다. 정체성을 잃어버리면 우리 인생에 큰 혼란이 찾아올 수밖에 없다.

혼란스러워 보이는 우주에도 질서와 권위가 있다. 하나님의 창조 섭리 가운데 정해 놓으신 원리와 원칙이며 창조의 신비다. 우리의 인생도 당연히 그 질서와 권위 가운데 존재할 때 하나님의 통치를 받으며 그분의 선하신 뜻이 이루어져 가게 된다. 그러므로 세상의 복을 따르거나 물질을 따를 필요도, 구할 필요도 없다. 그런 것들은 우리가 구해야 할 것이 아니다. 주님도 구할 필요가 없다고 하셨다. 그것은 우리가 하나님께서 창조하신 질서와 권위 가운데 순종하며 살아갈 때 저절로 따라오는 것이다.

> 그런즉 너희는 먼저 그의 나라와 그의 의를 구하라 그리하면 이 모든 것을 너희에게 더하시리라 (마 6:33)

예수 그리스도 안에서 구원받은 우리는 천국 가기 위한 목적으로 신앙생활 하는 것이 아니다. 천국은 이미 우리에게 주어진 것이다. 내 이름이 생명책에 기록됐는데 천국 가기 위해서 신앙생활 하는 것은 모순이다. 사명을 감당하기 위해서 신앙생활 하는 것이다. 그 부르심의 소망을 따르기 위해서 신앙생활 하는 것이다. 이제는 달라져야 한다. 계속해서 더 성숙해져야 한다.

우리는 하나님의 거룩함을 더 갈망해야 하고, 더 정직해야 하고, 더 겸손해야 한다. 마지막 때에 진짜인 척하는 모든 것을 하나님의 심판대 앞에 세우실 것이다. 그 심판대 앞에 서기 전에 차라리 이 땅에서 드러나야 할 것들은 하루라도 빨리 드러나는 것이 축복이다. 아무리 감추려고 해도 결국 심판대 앞에서 드러나기 때문이다. 겸손해야 한다. 겸손한 자들에게는 말씀이 늘 거울이 될 것이다.

교만하다면 그것을 깨뜨리기 위해서 하나님께서 기회를 주실 때 주님 앞에 회개하고, 통회하고, 자복해야 할 것이다.

• 그 사랑에 담다.

많은 위인이 자신의 죽음을 통해서 잃어버린 나라를 되찾기도 하고 다른 이들에게 큰 유익을 주는 일들이 있었다. 그러나 예수 그리스도의 죽음의 의미를 안다면 이보다 더 위대한 죽음은 인류 역사상 절대로 존재할 수 없다.

이 죽음은 생각보다 처참했다. '패션 오브 크라이스트'라는 영화를 통해서도 얼마나 처참했는지를 알 수 있지만 그 영화로도 다 표현할 수 없었다. 그것보다 훨씬 잔혹했다고 한다. 상상을 초월할 정도로 잔인했기 때문에 십자가 처형은 역사 속으로 사라지고 말았다.

예수님께서 이런 십자가 앞에서 땀방울이 핏방울이 되도록 기도하신 이유는 예수 그리스도께서 곧 맞닥뜨려야 할 죽음이 너무도 처참했기 때문이며 또한 자기가 어떠한 죽음을 맞이해야 할지를 미리 다 세세하게 알고 계셨기 때문이다.

> [36]이에 예수께서 제자들과 함께 겟세마네라 하는 곳에 이르러 제자들에게 이르시되 내가 저기 가서 기도할 동안에 너희는 여기 앉아 있으라 하시고 [37]베드로와 세베대의 두 아들을 데리고 가실새 고민하고 슬퍼하사 [38]이에 말씀하시되 내 마음이 매우 고민하여 죽게 되었으니 너희는 여기 머물러 나와 함께 깨어 있으라 하시고 [39]조금 나아가사 얼굴을 땅에 대시고 엎드려 기도하여 이르시되 내 아버지여 만일 할 만하시거든 이 잔을 내게서 지나가게 하옵소서 그러나 나의 원대로 마시옵고 아버지의 원대로 하옵소서 하시고 (마 26:36-38)

'매우 고민하여….'라는 표현은 극도의 괴로움을 이야기한다. 보통 괴로움이 아니라 최상의 표현이다. 즉 극도의 슬픔과 극도의 괴로움 가운데 빠졌다는 뜻이며 매우 고민하여 죽게 되었다고 하신 것이다.

또한 '이 잔을 내게서 지나가게 하옵소서.'라고 하신 이 말씀은 어떻게 보면 뭔가 피하고 싶어 하는 듯한 느낌을 받는다. 예수님께서 지금 두려워하시고 힘들어하신다. 이것은 우리가 느끼는 공포나 두려움과는 당연히 비교할 수 없겠지만, 예수님께서는 자신이 지고 가야 할 십자가의 의미를 너무나도 잘 알고 계시기에 나타나는 반응이다.

스데반을 죽이려는 군중들은 스데반의 얼굴이 천사의 얼굴과 같은 것을 보았다(행 6:15). 또한 돌에 맞아 죽어가는 그런 상황 속에 그의 얼굴은 성령이 충만하였다고 표현했다(행 7:55). 일곱 배나 뜨거운 풀무불에서도 다니엘의 친구들은 당당했고, 다니엘은 사자굴 안에서도 당당했다. 이처럼 역사 속에서 많은 순교자가 그 죽음의 길을 당당하게 걸어갔다.

그들의 죽음은 죽음이 아니라 구원이고, 생명이고, 하나님 아버지 앞에 나아가는 것이었다. 분리가 아니라 연합으로 나아가는 것이다. 완전한 연합으로 성취되고 이루어지는 것이다.

그들이 마시는 잔은 죽음을 통해서 승리하고, 죽음을 통해서 구원받고, 죽음을 통해서 천국에 입성하고, 죽음을 통해서 하나님 앞에 서게 되는 그런 죽음이다. 이들의 죽음은 죽음이 아니다.

그런데 예수님께서 십자가를 지신 것에 대해 이런 반응을 보이신 것은 그들이 마시는 죽음의 잔과 예수님께서 마셔야 할 죽음의 잔이 다르기 때문이다. 예수님께서 마셔야 할 잔은 아버지 하나님께 버림받고 분리되는 죽음의 잔이다. 그래서 예수님께서 이러한 반응을 보이신 것은 그들보다 겁이 많아서가 아니고 죽음 자체가 다른 것이다.

 예수님의 모든 원동력은 아버지 하나님과 온전히 하나 됨으로부터 나오는 것이다. 예수님의 모든 말씀도 아버지 하나님과 온전한 연합으로부터 나오는 것이다. 바울은 '하나님을 힘입어 살며 기동하며 존재한다.'라고 표현한다(행 17:28). 바로 하나님께 온전히 연합되어 연결된 것이다. 그러므로 우리는 하나님을 떠나서 살 수 없다.
 그런데 예수님은 아버지 하나님과 분리되어야 할 죽음의 잔을 지금 맞닥뜨리고 계신 것이다. 요한복음 10장 30절에 '나와 아버지는 하나이니라.'라고 말씀하신 하나님의 아들은 단 한 번도, 단 한 순간도 아버지 하나님과 분리된 적이 없으셨다. 그러나 십자가의 형벌은 예수님을 아버지 하나님으로부터 철저히 분리시키기 때문에 누구보다도 처절한 외침을 외치신 것이다.

 마태복음 27장 46절에 '나의 하나님, 나의 하나님, 어찌하여 나를 버리셨나이까.'라고 하나님께 기도했다. 외쳤다고 함이 더 맞을 것 같다. 그 순간은 아버지라고 부르지도 못하셨다. 그 순간은 '나의 하나님!'이라고 외치셨다. 그리고 겟세마네에서 기도하실 때 십자가에서 당해야 하는 이 고통을 미리 겪고 계셨고 모든 것을 아셨기에 모세혈관이 터질 정도의 상상할 수 없는 고통과 아픔의 외치심으로 땀방울이 핏방울이 되어 흘렀다.

사실 아버지 하나님과 분리되는 것은 곧 지옥의 형벌을 의미하는 것이다. 그래서 그 지옥은 상상도, 꿈도 꾸지 말아야 할 곳이다. 예수님께서 겪으신 십자가의 죽으심으로 다시는 하나님과 분리될 수 없음에 감사드린다.

계속해서 예수님께서는 마태복음 26장 39절에서 '내 아버지여 만일 할 만하시거든 이 잔을 내게서 지나가게 하옵소서.'라고 하신 후, 곧바로 '그러나'라고 하셨다. '그러나 나의 원대로 마시옵고 아버지의 원대로 하옵소서.'라고 하신 것은 바로 당신의 사명과 가야 할 길을 분명히 아셨기 때문이다.

가나의 혼인잔치 그 첫 번째 기적의 장소에서도 예수님께서는 당신께서 가야 할 길이 어떤 길인지 아셨다. 그래서 '여자여 내 때가 아직 이르지 아니하였나이다.'라고 말씀하셨다. 내 때, 바로 죽어야 할 때, 그때가 아직 오지 않았다는 것이다. 예수님께서는 그것을 계속 인식하고 계셨다.

마태복음 2장 11절에 '집에 들어가 아기와 그의 어머니 마리아가 함께 있는 것을 보고 엎드려 아기께 경배하고 보배합을 열어 황금과 유향과 몰약을 예물로 드리니라.'라고 기록되어 있다. 이제 막 태어난 아기에게 고통과 수난과 죽음을 의미하는 몰약이라는 예물이 포함되어 있다. 이 몰약은 마리아의 향유 옥합이며 분명히 예수님의 수난과 죽음을 의미하는 것이다. 좋은 냄새가 나지만 시체에 바르는 용도로 사용됐고 포도주에 섞어서 십자가에 달리신 예수님의 입술에 댔던 몰약이기도 하다. 무언가 예수님의 수난과 죽음을 의미하는 것은 분명하다. 예수님의 삶은 탄생부터 온통 죽음으로 가득 차 있었다.

> 인자가 온 것은 섬김을 받으려 함이 아니라 도리어 섬기려 하고
> 자기 목숨을 많은 사람의 대속물로 주려 함이니라 (마 20:28)

예수님의 섬김은 목숨을 주시는 섬김이다. 섬김은 성공보다 훨씬 더 우월하다. 세상은 성공에 미쳐있지만 우리는 섬김에 미쳐있어야 한다.

섬김의 최고봉은 죽음이다. 그러므로 경건한 자의 죽음이 하나님 보시기에 귀중한 것이다(시 116:15). 예수님의 귀중한 섬김의 죽음을 통해서 그를 믿는 모든 자들은 생명을 얻는다. 우리의 죄를 대속할 온전한 대속물이 되셨기에….

대속물은 헬라어로 'ἀντίλυτρον 안틸뤼트론'이라고 한다. 다른 의미로 석방금이라 한다. 석방할 때 완전히 값을 지불하고 석방되는 것이다. 또한 속전이라 하여 죄를 속할 수 있는 금액을 말한다. 예수님의 피 값이라고 표현하기도 한다. 그 피로 우리를 사신 것이다. 그래서 우리는 돈으로 환산할 수 없을 정도로 값지다는 것이다. 그래서 한 사람 한 사람의 삶이 값으로는 살 수 없는 너무나 존귀한 삶이다.

우리가 예수님을 믿기 전에는 벌레보다 못한 존재였지만 지금은 예

수님의 피 값으로 구원받은 상상을 초월하는 가치가 있는 그런 존재가 되었다. 하찮은 존재처럼 취급하며 살면 안 된다.

예수님께서 마지막 유월절을 제자들과 지내시면서 제자들에게 밥상을 차려 주셨다. 밥상을 차려 주실 때 떡과 포도주를 그들에게 대접하셨다. 그리고 떡을 주시면서 내 살이라 말씀하시고, 포도주를 주시면서 나의 피라고 말씀하셨다. 이 떡과 포도주, 즉 이 살과 피는 결국 예수님의 죽음을 의미한다. 예수님께서는 유월절의 어린 양으로 오신 것이다. 이미 출애굽기에서 10가지 재앙 중 마지막 재앙으로 어린 양을 잡게 하고 그 어린 양의 피를 문설주에 뿌리게 했다.

예수님께서 내가 바로 그 어린 양이라고 말씀하고 계신다. 유월절 어린 양으로 잡힐 것이라는 의미다. 그래서 내 살과 피를 먹어야 한다고 말씀하신다. 유월절 어린 양을 통해서 출애굽이 이루어지듯이 유월절 어린 양 되신 예수님의 죽음을 통해서 하나님의 모든 계획이 성취되는 것이다. 또한 예수님의 살과 피를 먹음으로 인해서 주님의 임재가 이루어지는 것이다.

진정한 임재는 예수님께서 우리 안에 임하시는 것이다. 그래서 성찬이 굉장히 중요하다. 그것은 하나님의 임재를 의미한다. 예수님의 살과 피를 나누기 위하여 둘러앉은 제자들의 모임이 바로 교회다. 예수님의 살과 피를 나누고 그리스도와 함께 죽고, 함께 살아나, 함께 모여서 예배하는 우리가 바로 교회 공동체이다.

결국, 예수님과 제자들이 함께 한 최후의 만찬은 십자가의 죽음을 통하여 성취된다. 예수님의 십자가는 주님께서 우리에게 차려 주시는 유월절의 식탁이었다. 예수님께서는 우리의 떡과 포도주가 되시기 위해서 십자가에서 살이 찢기고 피를 쏟아 내셨다. 어린 양으로 우리의 죄를 대속하기 위해 십자가에서 죽으신 예수 그리스도의 죽음의 의미를 우리가 간과해서는 안 된다. 십자가의 죽음을 통해서 성취되는 예레미야의 새 언약은 이제 짐승의 피가 아니라 예수님의 피다(렘 31:31).

다시 말하지만, 식탁에 둘러앉은 이 제자들의 모임이 교회이고 예수님의 몸이다.

> [14]자녀들은 혈과 육에 속하였으매 그도 또한 같은 모양으로 혈과 육을 함께 지니심은 죽음을 통하여 죽음의 세력을 잡은 자 곧 마귀를 멸하시며 [15]또 죽기를 무서워하므로 한평생 매여 종 노릇 하는 모든 자들을 놓아주려 하심이니 [16]이는 확실히 천사들을 붙들어 주려 하심이 아니요 오직 아브라함의 자손을 붙들어 주려 하심이라 [17]그러므로 그가 범사에 형제들과 같이 되심이 마땅하도다 이는 하나님의 일에 자비하고 신실한 대제사장이 되어 백성의 죄를 속량하려 하심이라 (히 2:14-18)

예수님께서 십자가의 죽음을 통하여 마귀를 멸하셨다.

예수 그리스도의 이름 안에 권세가 있다. 이 십자가의 피가 마귀를 멸했다는 것이다.

그러나 궁극적인 심판이 있기 전에 아직 마귀가 할 수 있는 것이 딱 하나가 있는데 그것은 바로 거짓말이다. 그 거짓말을 통해서 지금도 이 세상을 조종하고 지배하려고 한다. 진리이신 예수 그리스도가 아니면 100% 속을 수밖에 없다.

예수 그리스도께서 빛이 되시기 때문에 그 모든 거짓을 드러나게 하신다. 우리가 예수 그리스도의 진리 안에 속할 때 그 거짓은 우리를 속일 수 없다. 그래서 말씀을 끊임없이 배우고, 묵상하고 말씀 안에서 삶을 살아가야 한다. 말씀이 내 발의 등이 되어 어둠을 비춰주고 어디로 가야 길을 잃어버리지 않을지, 어디로 가야 함정에 빠지지 않을지, 어디로 가야 돌부리에 걸려 넘어지지 않을지 우리를 인도해 주신다.

죽음이 두려운가?

그리스도인에게는 죽음, 그 자체가 무서운 것이 아니다. 죽음을 맞이할 때의 고통이 두려운 것이다. 그래서 제일 복된 죽음은 자다가 평온하게 가는 것이지 않을까 싶다.

나는 매일 밤 죽음을 연습한다. '주님~, 오늘 이 밤이 마지막이라고 하신다면 내가 이렇게 자다가 깨어나지 못한다면 얼마든지 언제든지 부르시면 달려가겠습니다. 다만 우리 연약한 성도들과 자녀들을 기억하시고 악에서 구하여 주시고, 온전히 믿음 안에서 살게 하셔서 영원한 천국에서 반드시 다시 만날 수 있도록 지켜주십시오. 남들보다 좋은 집에서 못 살고 많은 연봉 못 받아도 늘 믿음 안에서 살고 진정한 행복을 누릴 수 있다면 그것으로 족합니다. 신령한 축복을 감추지 마시고 믿음의 신비와 날마다 놀라운 하나님의 은혜를 드러내 주십시오. 오직 예수님 한 분만으로 만족한 은혜 누리게 해 주소서. 진짜 행복을 누리게 해 주소서~.'

이렇게 죽음을 연습한다(고전 15:31). 죽음은 멀리 있는 것이 아니다. 이미 가까이 있다. 예수 그리스도의 죽음을 통해서 자유함을 얻었다. 이제 그 죽음 때문에 한평생 종노릇 했던 우리는 더 이상 죽음의 종이 아니다. 우리는 부활의 씨앗을 품고 있으며 이미 영생을 살아가고 있다.

우리는 예수 그리스도를 통해서 아브라함의 자손이 되었다.

우리는 예수 그리스도의 보혈로 영적인 아브라함의 자손이 되었다. 예수님께서 범사에 형제들과 같이 되심이 마땅하며 그의 죽음으로 말미암아 우리와 같이 되셨다(히 2:17). 이는 하나님의 일에 자비하고, 신실한 대제사장의 역할이 백성의 죄를 속량하고 하나님 앞에 영원한 샬롬으로 설 수 있게 하시는 것이다. 그 잃어버린 궁극적인 영원한 샬롬을 회복시켜 주시기 위해서 예수님께서 이 땅에 오셨다. 오직 하나님 앞에서만 얻을 수 있고, 예수 그리스도만이 주실 수 있는 진정한 평강, 이것이 우리가 누려야 할 샬롬이다(요 14:27).

이 모든 것들은 오직 예수 그리스도의 죽음을 통해서만 이루어지는 일들이다. 그래서 예수님의 죽음은 거짓 죽음이 아니며 종교 사기꾼들이 만들어낸 위장 죽음이 아니다. 예수님께서는 역사적으로 진짜 죽으셨다. 마가복음 15장 39절에 나오는 백부장은 예수님께서 십자가에서 숨지시는 것을 보고 '이 사람은 진실로 하나님의 아들이었도다.'라고 말했다. 이 로마의 백부장은 사형 집행 전문가이다. 백부장이 사형수가 죽었는지 안 죽었는지를 확인하고 죽었다고 선언하면 그것은 법적인 효력을 갖는 것이다. 그래서 백부장은 예수님의 죽음을 법적으로 선언하게 된다. 예수님께서는 이렇게 법적으로, 역사적으로 죽으신 분이다.

　지금도 병원에서 누군가가 죽으면 의사가 사망 선언한다. 날짜와 시간을 말하고 '죽었다.'라고 선언한다. 그 말이 법적인 근거가 된다.

　마가복음 15장 44-45절에서 빌라도는 '예수께서 벌써 죽었을까?' 하고 이상히 여겨 백부장을 불러 '죽은 지가 오래냐?'라고 확인까지 한 후에 요셉에게 시체를 내어 주게 된다. 예수님께서는 진짜 죽으셨다.

　예수님께서 전파하신 산상수훈의 모든 말씀 또한 십자가에서 이루셨다. 오른뺨을 맞으시고 왼뺨을 돌려대신 곳이 바로 십자가였다. 오른손으로 오른뺨을 때리려면 손등으로 때려야 한다. 손바닥으로 뺨을 때리는 것과 손등으로 뺨을 때리는 것 중에 무엇이 더 기분 나쁘고 아플까? 손등으로 때리는 것이 더 기분 나쁘고 아플 것이다. 그래서 오른뺨을 먼저 말씀하신 것이다. 그렇게 치욕스럽고 고통스럽게 뺨을 맞았을 때도 왼뺨을 돌려댄 곳이 바로 십자가였다.

• 그 사랑에 담다.

오 리를 가자고 했지만, 십 리를 가는 곳이 십자가였다. 속옷을 벗어 달라는 그들에게 겉옷까지 벗어 주는 곳이 바로 십자가였다. 예수님은 친히 십자가를 통해서 당신의 입에서 선포된 모든 산상수훈의 진리를 성취하셨다. 이것이 십자가를 지고 가는 길이었다.

'내가 노래하듯이 또 내가 얘기하듯이 살길,
난 그렇게 죽길 원하네' _소원. 한웅재_

그분의 죽음은 그 어떤 것도 막지 못했다. 왜냐하면 그분은 죽으러 오셨고 죽음과 십자가를 통해서 모든 하나님의 뜻이 성취되기 때문이다. 공포와 슬픔이 십자가 앞에 넘쳤으나 그 공포와 슬픔보다 더 큰 것은 바로 그 사랑, 그 사랑의 크기가 더 컸기 때문에 예수님께서는 능히 그 십자가를 지고 가신 것이다. 이에 관한 말씀이 아가서 8장 6-7절에 등장한다. '너는 나를 도장같이 마음에 품고 도장같이 팔에 두라 사랑은 죽음같이 강하고 질투는 스올같이 잔인하며 불길같이 일어나니 그 기세가 여호와의 불과 같으니라 많은 물도 이 사랑을 끄지 못하겠고 홍수라도 삼키지 못하나니 사람이 그의 온 가산을 다 주고 사랑과 바꾸려 할지라도 오히려 멸시를 받으리라.' 이것이 우리를 향한 예수 그리스도의 사랑이다.

심히 고민하고 극도의 아픔과 슬픔에 빠져있지만 그것을 압도할 만한 사랑이 있었기 때문에 주님은 '그러나 나의 원대로 마옵시고 아버지의 원대로 하옵소서.'라고 기도하셨다. 지옥이 불같이 일어나도 진정

그 어떤 것도, 그 누구도 우리 주님의 사랑을 가로막을 수 없다.

베드로가 칼을 빼고 말고의 귀를 잘랐을 때 감히 십자가를 지고 가는 길 앞에서 칼을 들고 까불지 말라고 예수님께서 말씀하셨다. 주님께서 막으려면 막을 수 있으셨다. 그는 천군 천사를 동원하실 수도 있으신 분이시다. 그러니까 설치지 말라는 것이다. 주님께서 가셔야 할 그 십자가의 죽음을 통한 성취는 그 누구도 막을 수 없다.

죽음과 공포는 '그 사랑' 앞에서 멸시를 받았다. 그리하여 아버지 사랑의 임재는 십자가를 통해서 완성되고, 그 죽음의 분리는 부활로 인해서 더욱 강력한 연합으로 회복되고, 예수님과 하나님 아버지 그리고 십자가를 믿고 따르는 우리는 그분과 영원히 하나가 되었다. 이것이 예수님께서 십자가의 죽음을 통해서 이루신 성취다. 그래서 우리가 '그 사랑'을 노래할 때는 이 죽음의 의미를 알고 불러야 한다.

> 내가 그리스도와 함께 십자가에 못 박혔나니 그런즉 이제는 내가 사는 것이 아니요 오직 내 안에 그리스도께서 사시는 것이라 이제 내가 육체 가운데 사는 것은 나를 사랑하사 나를 위하여 자기 자신을 버리신 하나님의 아들을 믿는 믿음 안에서 사는 것이라
> (갈 2:20)

'나를 사랑하사 나를 위하여 자기 자신을 버리신' 이 말씀 안에서 '날 위해 죽으신'이라는 고백이 흘러나왔다. 보통은 십자가의 구원이 모든

인류를 위해서라고 복수로 표현하지만 바울은 단수로 표현하고 있다. 주님의 죽음이 나를 위한 죽음이다. 인류를 구원하기 위한 예수 그리스도의 죽음은 바로 나를 찾아오신 그 사랑이다.

우리가 모두 나를 위하여 자기 자신을 버리신 그 사랑을 경험하며 나의 예수님. 나의 노래로써 고백하기를 바란다.

> 부활이란 죽어야만 가능하다.
> 예수님을 믿는다는 것은
> 십자가에서 예수님과 함께 죽었다는 것이며
> 또 예수님의 부활과 함께
> 새로운 영으로
> 다시 살아났다는 것을 말한다.

Chapter 6

날 위해 다시 사신 그 사랑

하나님께서는 교회를 중심으로 온 세상의 역사를 이루어 가신다.

[51]이에 성소 휘장이 위로부터 아래까지 찢어져 둘이 되고 땅이 진동하며 바위가 터지고 [52]무덤들이 열리며 자던 성도의 몸이 많이 일어나되 [53]예수의 부활 후에 그들이 무덤에서 나와서 거룩한 성에 들어가 많은 사람에게 보이니라 [54]백부장과 및 함께 예수를 지키던 자들이 지진과 그 일어난 일들을 보고 심히 두려워하여 이르되 이는 진실로 하나님의 아들이었도다 하더라
(마 27:51-54)

이 말씀은 예수님께서 십자가에서 죽으시는 장면이지만 마태는 갑

자기 '예수의 부활 후에'라는 말을 한다. 마태가 무엇을 착각해서가 아니라 부활과 함께 십자가를 통해서 이루어지고 완성된 것들을 시간적 개념이 아닌 신학적 개념으로 이야기하기 위해서 예수의 부활 후를 이야기한 것이다.

> [34]예수께서 이르시되 내가 진실로 네게 이르노니 오늘 밤 닭 울기 전에 네가 세 번 나를 부인하리라 [35]베드로가 이르되 내가 주와 함께 죽을지언정 주를 부인하지 않겠나이다 하고 모든 제자도 그와 같이 말하니라 (마 26:34-35)

베드로만 그렇게 말한 것이 아니라 제자들의 고백이다. 베드로는 대표성을 가지며 등장하는 것이고 제자들도 똑같이 한 이야기다.

이들은 3년 동안 예수님의 설교를 들으며 최고의 양육을 받았다. 그런데도 예수님께서 체포되었을 때 제자들은 모두 뿔뿔이 흩어지며 도망갔다. 예수님께 죽음의 자리까지 함께 하겠다고 말해 놓고서는 다 도망갔다. 훌륭한 고백도 하고, 예수님의 칭찬과 격려도 받고, 엄청난 사랑을 받았지만 제자들은 연약했다.

우리는 좋은 설교를 자주 들으면 착각에 빠질 때가 있다. 바로 내가 좋은 사람이 됐다는 착각이다. 오랫동안 함께 달려왔던 영적 지도자들도 넘어질 때가 있다. 마음이 심란해지고 복잡해진다. 설교를 20년 이상, 찬양사역을 30년 이상 하면서 가끔은 '내가 좋은 설교를 한 편을 하고 나면 그만큼 좋은 사람이 되어 있다.'라는 생각도 했지만. 이것은 착각이라는 것을 알게 되었다. 앵무새같이 습관처럼 이야기한다고 해서 내가 좋은 사람이 되는 것은 아니다. 아무도 보지 않는 곳에서의 내가 진짜다. 그리고 심각한 상황과 어려운 고난에서 나오는 나의 반응이 바로 나다. 이처럼 진정한 나의 모습은 주님 앞에서 일대일로 있을 때의 모습이다.

심리학에서는 '합일화 incorporation'를 말한다. 합일화란 자기와 자기가 아닌 것을 구별하지 못하는 상태에서 중요한 인물이나 조직의 태도와 행동을 그대로 받아들이거나 동일시시켜 버리는 심리이다. 예를 들어 'OO교회 20년 다녔어!'라고 하거나 '나는 OO교회 개척 멤버야!' 또는 '내가 어떤 양육을 받았는지 알아?'라고 한다든지 '내가 어떤 팀에서 예배했는지 몰라?'라고 말한다. 자기는 실제로 그러한 수준이 아닌데 훌륭한 조직체에 있다 보니 자신도 꽤 그런 사람이라고 합일화를 시켜 버린다. 어릴 적 이소룡 영화를 보면 남자들은 다 자기가 이소룡인 줄 착각하는 것과 비슷한 현상이 사회 집단적으로 벌어질 수 있다. 이것은 병적 합일화로 결국 스스로 속는 것이고 자아를 망각하는 상태까지 나아가는 것이다.

오랫동안 설교하다 보니 가끔은 '내가 설교하는 기계인가?'라는 생각이 들 때도 있다. 설교를 하면서 영적으로도 함께 성장해야 하는데 성장은 멈추고 기계 같은 상태로 합일화가 되어 버리고 정작 삶의 위기가 닥쳐오면 희한하게도 수준 낮은 어린아이가 되어 뒤로 넘어져 버린다. 멋진 말을 많이 하거나 듣다 보니 내가 뭐라도 된 것 같다는 착각 속에 빠져 버려서 유혹의 먹이가 되어 버린다. 정체가 드러나는 것이다. 예수님께서는 이것에 대해 첫사랑을 잃어버린 것이라고 말씀하신다. 병적 합일화에 빠진 상태로 사역은 계속 진행되고 높은 직분까지 받았지만 첫사랑은 사라진 지 오래고, 영적 성장도 멈춰 버린 지 오래고, 심지어 자아가 하나님을 대신하며 임기응변에 능한 종교인이 되어 버린 지도 오래다. 참으로 두려운 일이다.

능글과 성숙의 갈림길, '능숙함'

'능글거리다.'라는 말은 젊은 사람들보다 나이가 든 사람들에게 더 많이 쓰이는 말이다. '나이에 안 맞게 능글거린다.'라는 표현도 있다. 왜 나이가 들면 능구렁이가 되는 것일까?

능숙함은 능구렁이가 될 것인지, 성숙이 될 것인지 결정해야 하는 갈림길이다. 그래서 능숙은 완성이 아니라 과정이며 능숙의 완성은 성숙이다. 그러나 부정적인 능숙함은 능글거림이 되어 버린다.

자기는 다 알고 있다고 생각하고, 다 배웠다고 생각하기 때문에 모든 부분에서 능숙하다고 착각한다. 적당히 참석하고, 적당히 Q.T.하고, 적당히 기도하고, 적당히 섬기는 그런 상태가 되고 만다. 이런 상태로 종교생활하는 교인들이 안타깝게도 점점 더 자주 보인다. 그리고 모였을 때는 어찌나 말을 청산유수처럼 잘하는지…. 그러나 결국은 능구렁이 상태가 되고 만다. 충격받지 말자. 성숙은 언제나 회개를 선택한다.

> 하나님의 뜻대로 하는 근심은 후회할 것이 없는 구원에 이르게
> 하는 회개를 이루는 것이요 세상 근심은 사망을 이루는 것이니라
> (고후 7:10)

'영리'라는 말은 한글에서는 동음이의어가 있고 영어 단어로는 SMART와 PROFIT으로 구분할 수 있다. 영리Smart를 통해서 영리Profit를 추구하는 사람이 되면 안 된다. 하나님께서 우리에게 주신 영리 Smart는 영리Profit를 추구하라고 주신 것이 아니다. 하나님께서 영리 Smart를 주셨다면 하나님의 나라와 그리스도의 교회를 위해서 사용하길 바란다. 영리Profit를 추구하는 사람이 되지 말자. 교회에서도 순수한 봉사와 섬김이 사라지고 있다. 결국 하나님의 일에 대해서도 영리Profit를 추구하는 시대가 되어 버린 것이다.

> 이익을 탐하는 모든 자의 길은 다 이러하여 자기의 생명을 잃게
> 하느니라 (잠 1:19)

애굽이 이스라엘 백성에게 과한 노동을 시키고 한 치의 여유를 주지 않으려고 했던 것은 군사적 행동을 막으면서 영리Profit를 추구하고자 했던 바로의 영리Smart였다(출 1:10). 그럼에도 불구하고 하나님의 백성들은 더 강성해지고 풍성해지며 하나님의 역사는 중단되지 않았다(출 1:12).

오늘날 마귀의 시험도 똑같다. 사람들에게 중노동을 시키며 더 바쁘

고 여유가 없게 만든다. 하나님의 군대에 대한 해체 전략이다. 그런데 출애굽 때와 다르게 오늘날 교회는 점점 빈 자리가 늘어나고 있다. 시간을 포기해야 할 때, 자기의 시간이 아닌 하나님 앞에 봉사하고 헌신하는 시간을 먼저 포기한다. 하나님의 것들을 먼저 정리해 나갈 때마다 마귀는 '역시 나는 영리해.'라고 외치며 기뻐 손뼉 칠 것이다. 그러므로 우리는 '선한 데는 지혜롭고 악한 데는 미련하기를 원하노라(롬 16:19).'라는 말씀을 기억하며 타협해서는 안 된다. 먼저 그의 나라와 그의 의를 구하게 되면 다른 그 모든 것들은 다 따라오는 것이 하나님 나라의 영적인 원리이며 패턴이다(마 6:33).

매일매일 양식 걱정을 해야 했던 광야 생활과는 다르게 이스라엘 백성들이 가나안에 정착하면서 농사짓고 재산과 식량을 쌓아놓기 시작하면서 부를 숭배하기 시작했다.

이스라엘 백성들이 여호와 하나님을 섬기다 어느 순간 바알을 좇아가고 있었다. 심지어 바알에게 하나님이라고 칭하기 시작하는 일들이 벌어졌다. 바알의 재단 앞에서는 여호와께 제사한다고 하고 또 여호와 앞에서는 바알에게 제사한다고 하는 완전히 혼합된 종교가 되어 버리기 시작했다. 오늘날도 마찬가지다. 교회라고 해서 다 교회가 아니다.

하나님께서 마지막 때는 진짜와 가짜를 구분하신다. 당신의 삶이 지금보다 더 어려워지고 더 힘들어진다해도 끝까지 주님을 붙잡을 신앙을 갖고 있는지 주님을 믿는 것 때문에 핍박받는 날이 온다 해도 끝까지 주님을 붙잡을 용기가 있는지 생각해 보아야 한다.

모일 수 있을 때, 예배드릴 수 있을 때, 공동체 예배를 소중히 여기고 모이기에 힘쓰기를 바란다. 우리는 선택해야 한다. 이제는 이전과 같이 많은 사람이 몰려오는 시대가 아니다. 하나님의 나라는 언제나 깨어있는 소수의 사람을 통해서 이어져 온 것처럼 우리는 날마다 성숙한 예배자로 준비되어야 한다.

> 생명으로 인도하는 문은 좁고 길이 협착하여 찾는 자가 적음이라
> (마 7:14)

베드로와 제자들은 멋들어진 말을 해놓고 지키지 못하였다. 그들은 예수님을 따라다니면서 모세와 같은 지도자를 따르고 있다고 생각했지만, 예수님께서는 그들이 생각했던 모세가 아니었다는 것을 십자가를 통해서 증명하셨다. 왜냐하면 탄생의 순간이 모세와 너무 비슷했고 시내산에서 하나님의 계명을 받아 선포한 모세의 모습과 산상수훈에서의 새로운 율법을 선포하신 예수님의 모습이 너무 흡사했다. 그래서 모세와 같은 이가 나타났다고 생각했다. 당연히 로마 황제 앞에서 당당히 10가지 재앙을 보이며 이스라엘 사람들에게 자유를 주고 시온산에 우뚝 서는 것을 기대했다.

예수님께서 이미 십자가의 죽음을 말씀하셨음에도 불구하고 자기가 보고 싶은 것만 보고, 듣고 싶은 것만 들으려고 하다 보니 고난에 대한 메시지도 십자가가 아니면 영광이 없다는 메시지도 이미 들었음에도 십자가가 찾아오고 고난이 찾아오니 어느 순간 사라진 것이다.

그러나 예수님의 십자가의 죽으심과 부활을 통해서 십자가의 신앙과 부활 신앙이 베드로를 변화시켰다. 날 위해 죽으시고, 날 위해 다시 사신 것을 믿는 믿음은 중요하고 진정한 죽음과 부활을 경험한 성도는 다시 오실 예수님을 기다리는 성도로서의 신앙생활을 하게 된다. 예수님께서 오실 때까지 나에게 개인적인 종말이 찾아와도 변함없는 그것이 바로 우리가 예수와 함께 죽었다는 것과 앞으로 예수와 함께 다시 살 것이라는 증거다.

부활이란 죽어야만 가능하다. 예수님을 믿는다는 것은 과거의 우리가 십자가에서 예수님과 함께 죽었다는 것이며 또 예수님의 부활과 함께 새로운 영으로 다시 살아났다는 것을 말한다. 새로운 영으로 태어난 우리의 영은 마지막 때에 새로운 몸을 입게 될 것이다.

> [12]사랑하는 자들아 너희를 연단하려고 오는 불 시험을 이상한 일 당하는 것 같이 이상히 여기지 말고 [13]오히려 너희가 그리스도의 고난에 참여하는 것으로 즐거워하라 이는 그의 영광을 나타내실 때에 너희로 즐거워하고 기뻐하게 하려 함이라 (벧전 4:12-13)

사도 베드로는 사자굴에 들어가도, 온갖 불로 시험을 당하여도 흔들리지 말라고 말하고 있다. 십자가 앞에서 도망갔던 베드로가 변했다. 왜냐하면 예수와 함께 죽고 예수와 함께 다시 살았기 때문이다. 이것이 부활의 능력이다. 베드로는 새 영을 입은 사람이 되었다. 이것이 십자가와 부활 신앙을 거친 변화된 성도의 모습을 보여 주는 것이다.

> [51]이에 성소 휘장이 위로부터 아래까지 찢어져 둘이 되고 땅이 진동하며 바위가 터지고 [52]무덤들이 열리며 자던 성도의 몸이 많이 일어나되 [53]예수의 부활 후에 그들이 무덤에서 나와서 거룩한 성에 들어가 많은 사람에게 보이니라 (마 27:51-53)

휘장이 위로부터 아래로 찢어져 둘이 되고, 땅이 진동하고 바위가 터졌다. 그리고 무덤들이 열리며 자던 성도의 몸이 일어났다. 이것은 예수님께서 돌아가실 때 벌어진 사건이 아니라 예수 그리스도의 부활 후에 영적으로 벌어질 일을 설명한 것이다.

마태는 에스겔 37장 12절과 14절에서 이 말씀에 대한 성취를 이야기하고 있다.

> [12]그러므로 너는 대언하여 그들에게 이르기를 주 여호와께서 이같이 말씀하시기를 내 백성들아 내가 너희 무덤을 열고 너희로 거기에서 나오게 하고 이스라엘 땅으로 들어가게 하리라
> [14]내가 또 내 영을 너희 속에 두어 너희가 살아나게 하고 내가 또 너희를 너희 고국 땅에 두리니 나 여호와가 이 일을 말하고 이룬 줄을 너희가 알리라 여호와의 말씀이니라 (겔 37:12, 14)

'무너진 성전이 회복될 때 내가 너희에게 영을 주고 너희를 살아나게 할 때라.'라고 말씀하신다. 무너진 성전이 회복된다는 것은 예수님께서 '무너진 성전을 헐어라 내가 다시 세우겠다.'라고 말씀하신 것이다. 자신의 몸, 부활하신 몸을 통해서 새로운 성전, 완성된 성전, 예수 그리스도를 통해서 성취된 성전, 바로 교회이다. 그런데 '내 영을 너희 속에 두어 너희를 살아나게 한다.'라는 말씀이 에스겔서 37장 14절에 등장한다. 이미 죽었던 시체들이 살아나는 것이 아니라 영적 시체들이 살아나는 것을 의미하는 것이다.

> ^{52}무덤들이 열리며 자던 성도의 몸이 많이 일어나되 ^{53}예수의 부활 후에 그들이 무덤에서 나와서 거룩한 성에 들어가 많은 사람에게 보이니라 (마 27:52-53)

이 죽음은 영적 죽음이요, 하나님 아버지와 단절되는 관계의 죽음이었다는 것이다.

> 선악을 알게 하는 나무의 열매는 먹지 말라 네가 먹는 날에는 반드시 죽으리라 하시니라 (창 2:17)

> 그는 허물과 죄로 죽었던 너희를 살리셨도다 (엡 2:1)

당시 이미 죽어서 무덤에 누워있는 시체의 부활을 말하는 것이 아닌 영적인 감옥에 갇혀 있는 영적 시체들의 부활을 의미한다.

> 또 범죄와 육체의 무할례로 죽었던 너희를 하나님이 그와 함께 살리시고 우리의 모든 죄를 사하시고 (골 2:13)

옥에 있는 영들

> [18]그리스도께서도 단번에 죄를 위하여 죽으사 의인으로서 불의한 자를 대신하셨으니 이는 우리를 하나님 앞으로 인도하려 하심이라 육체로는 죽임을 당하시고 영으로는 살리심을 받으셨으니 [19] 그가 또한 영으로 가서 옥에 있는 영들에게 선포하시니라
> (벧전 3:18-19)

어떤 종교에서는 이것을 연옥 상태. 즉 중간 상태에 있는 사람들이라고 말하며 땅에서 믿는 신자들이 이들을 위해서 기도하면 다시 그들이 천국으로 들어갈 수 있다는 등의 이야기를 한다. 말씀에서 주는 의미를 올바르게 해석을 못 해서 이렇게 이야기하는 것이다.

19절에서 '그가 또한 영으로 가서 옥에 있는 영혼에게 선포했다.'라는 것은 갇힌 자에게 놓임을 주러 오신 예수님의 사역을 말한다. 이것은 예수 그리스도의 부활이 우리에게 주는 가르침이다. 죽었던, 감옥

속에 갇혔던, 우리 영들도 예수 그리스도의 생명을 가지고 새롭게 태어난 자들임을 의미하는 것이다. 우리는 이미 이러한 영적인 부활을 경험한 사람들이며 또한 부활의 씨앗을 품고 살게 된다. 그래서 이미 다시 태어난 우리는 죽어도 죽지 않는, 살아서도 죽지 않는 존재가 되었다(요 11:25-26). 얼마나 위대한 선포인가! 어찌 우리가 예배하지 않을 수 있고, 어찌 즐거워하지 않을 수가 있을까!

> [36]얼마나 어리석은 질문입니까? 여러분이 땅에 씨앗을 뿌렸을 때 그 씨앗이 먼저 죽지 않고는 싹이 돋아나지 않습니다. [37]그리고 씨앗에서 돋아나온 새싹은 처음에 뿌린 씨앗과는 별개의 것입니다. 여러분이 땅에 뿌린 씨앗은 밀이든 무엇이든 마르고 작은 씨앗이었지만 [38]하나님께서는 원하시는 대로 그 씨앗에 합당하게 새로운 몸을 주십니다. 그래서 씨의 종류에 따라 각각 다른 식물이 자라나는 것입니다. (고전 15:36-38. 현대어성경)

이 말씀은 죽었기 때문에 새로운 생명을 품고 다시 살아날 수 있다는 것이다. 우리의 죽음은 예수 그리스도를 믿고 그분과 연합되는 순간 그분과 함께 죽은 것이다. 언제 죽었는지 인식되지 않더라도 이미 선포된 진리 안에서 벌어진 일이다. 내가 예수를 믿을 때 예수와 함께 십자가에 못 박혀 함께 죽었다(갈 2:20). 이런 일은 우리가 예수님을 믿을 때 벌어진다. 구체적으로 부활의 씨앗을 품게 된다는 뜻이다.

부활의 씨는 죽음을 경험하지 않고서는 부활의 생명으로 다시 태어날 수 없다.

> ⁴⁰하늘에 속한 것도 있고 땅에 속한 것도 있습니다. 하늘에 속한 것의 아름다움과 영광은 땅에 속해 있는 아름다움과 영광과는 다릅니다. ⁴¹태양에는 태양의 영광이 있고 달과 별에도 각기 다른 영광이 있습니다. 그리고 별 하나하나에도 아름다움과 광채에 차이가 있습니다. ⁴²이와 같이 죽으면 썩어질 우리의 땅 위의 몸도 다시 살아날 때에는 썩지 않는 몸으로 다시 살아날 것입니다. ⁴³지금 우리가 가지고 있는 몸은 병이 들거나 죽기 때문에 우리를 곤경에 빠뜨리게 하지만 다시 살아날 때에는 영광에 가득 찬 몸이 될 것입니다. 그렇습니다. 지금은 죽을 수밖에 없는 연약한 몸이지만 우리가 다시 살아날 때에는 굳센 몸이 될 것입니다.
> (고전 15:40-43. 현대어성경)

예수님께서 약속하신 대로 다시 오실 때 이런 일이 일어난다. 달에도, 태양에도 영광이 있듯이 우리는 진정한 영광으로 부활하게 될 것이다. 새로운 굳센 몸을 입을 것이다.

> 이 썩을 것이 썩지 아니함을 입고 이 죽을 것이 죽지 아니함을 입을 때에는 사망을 삼키고 이기리라고 기록된 말씀이 이루어지리라 (마 27:54)

> 그러므로 굳건하며 흔들리지 말고 항상 주의 일에 더욱 힘쓰는 자들이 되라 (고전 15:58)

이 부활이 미래에 있을 것이라 해서 현재를 망각하고 살지 말자. 현재에 더욱 힘쓰며 견고한 믿음으로 살아가는 이 믿음을 통해서 부활의 씨앗을 품은 그리스도인인지 아닌지 증명된다.

미래의 부활을 현재에서 살아내는 부활의 능력을 힘입은 진정한 예배자들로 새롭게 깨어나자.

> 성경은 자기 일에만 분주하게 지내다가
> 멸망할 것이라고 말한다.
> 멸망이 있기 전까지
> 먹고 마시고 장가들고 시집가고
> 모두 태평하게 살았다.
> 다시 한번 말하지만 일상생활을 말하는 것이다.
> 하지만 그러한 일상생활이
> 구원에 이르지 못하게 만든다.
> 이것은 아주 충격적인 일이다.

Chapter 7

다시 오실 그 사랑

"이것들을 증언하신 이가 이르시되 내가 진실로 속히 오리라 하시거늘 아멘 주 예수여 오시옵소서!" (계 22:20)

'진실로 속히 오리라.' 이 말씀은 반드시 이루어질 것이며 이 말씀은 한 치의 거짓도 없다. 성경에는 메시아의 초림에 대한 많은 예언이 기록되어 있다.

그러나 너 베들레헴 에브라다야. 너는 유다 족속들 가운데서 가장 작은 마을이지만 네게서 이스라엘을 다스릴 지도자가 나를 위해 나올 것입니다. 그는 아주 먼 옛날, 멀고 먼 옛날로부터 온다.
(미 5:2. 쉬운성경)

베들레헴은 아주 작은 마을이지만 이스라엘을 다스릴 지도자가 나올 곳이었다. 유대인들이 보고 있는 구약성경에 메시아가 베들레헴에서 탄생할 것에 대해 예수님 오시기 약 750여 년 전, 이사야 선지자를 통해 매우 정확하게 기록되어 있다.

> 고통의 땅에 그늘이 걷힐 것입니다. 옛날에는 여호와께서 스불론 땅과 납달리 땅으로 하여금 부끄러움을 당하게 하셨다. 하지만 앞으로는 지중해로 나가는 길과 요단 강 건너편, 그리고 북쪽으로는 이스라엘 백성이 아닌 외국인이 살고 있는 갈릴리까지, 이 모든 지역을 영광스럽게 하실 것이다. (사 9:1. 쉬운성경)

예수님께서는 베들레헴에서 태어나시고 모든 사역의 대부분은 예수님의 예루살렘 입성 전까지 갈릴리 지역에서 이루어졌다.

> [6]왜냐하면 우리에게 한 아기가 태어날 것이기 때문입니다. 하나님께서 우리에게 아들을 주실 것입니다. 그의 어깨 위에 왕권이 주어질 것입니다. 그의 이름은 기묘자, 모사, 전능하신 하나님, 영원히 살아 계신 아버지, 평화의 왕이시다. [7]그의 왕권은 점점 커지겠고, 평화가 그의 나라에서 영원히 이어진다. 그가 다윗의

• 그 사랑에 담다.

보좌와 다윗의 나라에서 다스릴 것입니다. 그가 정의와 공평으로, 이제부터 영원토록 그 나라를 견고하게 세울 것입니다. 만군의 여호와께서 이 일을 이루실 것입니다. 왜냐하면 주께서 자기 백성을 뜨겁게 사랑하시기 때문입니다. (사 9:6-7. 쉬운성경)

갈릴리 땅에 오실 한 아기로 말미암아 다윗의 왕권이 회복되고 이 모든 것들의 성취는 하나님 아버지의 성실하신 사랑이다. 이사야 53장 1절-8절에는 예수님의 수난과 죽으심에 대해서 기록되어 있다.

^{5}그러나 그가 상처 입은 것은 우리의 허물 때문이고, 그가 짓밟힌 것은 우리의 죄 때문입니다. 그가 맞음으로 우리가 평화를 얻었고, 그가 상처를 입음으로 우리가 고침을 받았다. ^{6}우리는 모두 양처럼 흩어져 제 갈 길로 갔으나, 여호와께서 우리의 모든 죄 짐을 그에게 지게 하셨다. (사 53:5-6. 쉬운성경)

누군가 '2019년에 코로나가 터질 것입니다.'라고 예언했다면 우리는 놀라지 않을 수 없을 것이다. 과거 노스트라다무스라는 예언자가 유명했다고 하지만, 사실 그의 예언은 이사야 선지자가 했던 예수님에 관한 예언과 굳이 비교한다면 유아 수준에 불과하다. 그러나 충격적인 것은 오늘날 유대인들에게 이사야서는 금서로 되어 있다. 이 말씀은 그들이 기다리던 메시아 곧 예수님에 관한 말씀이다. 부정할 수가 없다. 십자가에 달려 죽으신 분, 우리의 허물과 우리의 죄 때문에 십자가에서 죽으신 분, 누가 봐도 예수님 이야기이다. 오늘날 유대인들은 아직도 이 사실을 부정하기 위해서 꽤나 애쓰고 있는 것 같다.

> 사람들이 정의를 짓밟고 그를 거칠게 끌고 갔다. 그가 살아 있는 사람들의 땅에서 끊어졌으니, 그 세대 사람들 가운데서 어느 누가 자기들의 죄 때문에 그가 죽임을 당했다고 생각하겠는가?
> (사 53:8. 쉬운성경)

그들은 지금도 메시아이신 예수님과 완전히 끊어진 상태로 있다. 그러나 어느 순간 인봉이 풀리는 순간이 올 것이다.

『과학은 말한다』Science Speaks라는 책의 저자 피터 스토너Peter Stoner에 의하면 어떤 사람이 메시아를 예언하는 수많은 예언 중 단지 여덟 가지를 성취할 가능성은 10^{17}분의 1이라고 한다. 10^{17}분의 1은 100,000,000,000,000,000분의 1이다. 따라서 여덟 가지가 다 이루어졌다는 것은 인간이 억지로, 의도적으로 할 수 없다는 말이다. 그런데 이것이 다 이루어졌다. 더 놀라운 것은 성경에는 여덟 가지만 나와 있는 것이 아니다. 훨씬 더 많은 메시아에 대한 예언들이 성경에 기록돼 있다. 이 놀라운 일들이 다 이루어졌다는 것은 하나님께서 하신 것임이 틀림없다.

좀 더 쉽게 설명하기 위해서 예를 들어 보자. 어떤 사람이 100년 동안 살면서 한 나라의 대통령이 누가 될지를 다 맞혔다고 가정해 보자.

이 사람이 그다음 대통령이 누가 될 것이라고 말한다면 사람들은 당연히 그 사람의 말에 신뢰할 것이다. 또 매우 유능한 펀드매니저가 있다고 가정해 보자. 이 사람이 말한 모든 주식은 다 올랐다. 이 사람이 실패할 확률은 거의 제로에 가깝다. 한 번도 틀린 적이 없기 때문이다. 그러면 사람들은 당연히 이 사람한테 자기의 전 재산을 의심 없이 맡길 것이다.

성경의 예언이 다 이루어졌다. 예수의 초림은 2,000여 년 전, 베들레헴 유대 땅에 오셨다. 다윗의 모든 왕권이 회복된 것이다.

다시 오실 그 사랑 그리고 약속

²내 아버지 집에 거할 곳이 많도다 그렇지 않으면 너희에게 일렀으리라 내가 너희를 위하여 거처를 예비하러 가노니 ³가서 너희를 위하여 거처를 예비하면 내가 다시 와서 너희를 내게로 영접하여 나 있는 곳에 너희도 있게 하리라 (요 14:2-3)

'내가 다시 와서….' 다시 오실 그 사랑이 틀릴 확률은 제로다. 예수님께서는 반드시 다시 오신다. 조금도 의심할 이유가 없다. 성경의 예언은 완벽에 가까운 것이 아니고 완벽하기 때문이다.

> …너희 가운데서 하늘로 올려지신 이 예수는 하늘로 가심을 본 그대로 오시리라 하였느니라 (행 1:11)

제자들이 보는 앞에서 승천하신 예수님께서는 이제 곧 모든 사람이 볼 수 있도록 다시 오실 것이다. 그러므로 깨어 있어야 한다. 잠들면 안 된다.

그러므로 깨어 있으라.

열 처녀의 비유에서 먼 여행을 떠난 주인의 비유와 예정된 시간보다 늦게 온 신랑의 비유를 통해서 우리는 그의 제자들이 오래 기다리도록 준비시키시는 것처럼 볼 수도 있다.

> 신랑이 더디 오므로 다 졸며 잘새 (마 25:5)

> 만일 그 악한 종이 마음에 생각하기를 주인이 더디 오리라 하여 (마 24:48)

악한 종은 그 마음에 이르기를 주인이 더디 오리라 생각했다. 긴장하지 않았다. 이 비유를 통해 예수님께서 가르치시고자 했던 것은 종들은 주인이 언제 돌아올지 알지 못하기에 그들은 언제든지 주인을 맞이할 준비를 해야 한다는 것이다.

• 그 사랑에 담다.

열 처녀의 비유는 오랜 기다림을 준비하는 것에 대해 가르치는 것으로 보인다. 다섯 처녀는 등잔에 쓸 많은 양의 기름과 함께 오랜 기다림을 준비했기 때문에 '슬기로운 처녀'가 된 것으로 보인다. 이 비유의 결론은 13절에 있다.

> 그런즉 깨어 있으라 너희는 그날과 그때를 알지 못하느니라
> (마 25:13)

요점은 오랜 기다림이 아니라 예수님의 재림에 대한 '시간의 불확실성'이다. 그때와 그 시는 알 수 없다. 알 수 없기 때문에 사실상 더 긴장감을 가지고 준비하고 기다려야 된다. 예수님의 재림에 대한 성경의 메시지는 긴급성이다. 그때, 그날은 어느 날 갑자기 도적같이 일어난다.

> ²주의 날이 밤에 도둑같이 이를 줄을 너희 자신이 자세히 알기 때문이라 ³그들이 평안하다, 안전하다 할 그 때에 임신한 여자에게 해산의 고통이 이름과 같이 멸망이 갑자기 그들에게 이르리니 결코 피하지 못하리라 (살후 5:2-3)

국제뉴스에서 봤던 이야기다. 어떤 산모가 병원 주차장에서 출산했다. 황당한 상황이 벌어진 것이다. 병원에 오는 길에 차 안에서 남편과 다투었다고도 한다. 이유는 남편이 교통신호를 다 지키며 운전했기 때

문이었다. 사실 남편은 자기가 해야 할 일을 했을 뿐인데 아내로서는 아이가 언제 나올지 모르는 상황이었다. 그러다 결국 병원 주차장에서 아이를 출산하게 되었다. 마침 병원에서 간호사가 곧바로 나와 산모를 도왔지만 산모는 더 이상 견디지 못하고 주차장에서 아이를 낳았다고 한다.

우리 주님은 이처럼 오실 것이다.

[37]잠시 잠깐 후면 오실 이가 오시리니 지체하지 아니하시리라 [38] 나의 의인은 믿음으로 말미암아 살리라 또한 뒤로 물러가면 내 마음이 그를 기뻐하지 아니하리라 하셨느니라 (히 10:37-38)

잠자고 있을 때가 아니다. 예수님의 어떤 가르침에서도 또 신약 어디에서도 교회가 오랜 시간을 기다려야 한다고 말하지 않았다. 오히려 예수님의 재림은 가까이 왔다고 말한다. 그는 언제든지 오실 수 있으며 곧 오실 것이다.

종말 신앙의 균형

그럼에도 불구하고 우리가 종말을 생각할 때 자꾸 더디다고 느끼는 이유가 분명히 있다. 우리 주님의 재림까지 오래 기다려야 한다는 신약성경의 분명한 가르침이 아닐지라도 끊임없이 참을성 있게 기다려야 한다는 성경의 반복되는 권면을 고려한다면 예수님의 재림은 우리가 생각하는 것보다도 길어질 수 있다는 사실을 내포하고 있다. 그러므로 우리는 종말의 긴급성을 인정하면서도 분명히 인내하며 기다려야 할 필요가 있는 것이다.

그날은 왜 늦어지는 것 같이 느껴지는가?

> 주의 약속은 어떤 이들이 더디다고 생각하는 것 같이 더딘 것이 아니라 오직 주께서는 너희를 대하여 오래 참으사 아무도 멸망하지 아니하고 다 회개하기에 이르기를 원하시느니라 (벧후 3:9)

더딘 것 같은데 더딘 것이 아니라는 것은 성경이 그렇게 말하고 있기 때문이다. 그렇게 느껴지는 이유는 위의 말씀처럼 주께서는 오래 참으사 아무도 멸망하지 아니하고 다 회개에 이르기를 원하시기 때문이다. 한 사람이라도 더 돌아오기를 원하시는 우리 하나님의 오래 참으시는 사랑이다.

> 여호와여 어느 때까지니이까 나를 영영히 잊으시나이까 주의 얼굴을 나에게서 언제까지 숨기시겠나이까 (시 13:1)

물론 이런 외침들은 이미 예수 그리스도의 초림으로 이루어졌다.

그리스도는 가난한 자들, 심령이 깨끗한 자들 그리고 배고픈 자들과 정의에 주린 자들을 위해서 오셨다. 그리스도는 그들의 편이 되어서 하나님의 어린 양으로 자신의 피를 제단 아래에 흘렸다. 그러나 예수님의 보혈은 복수의 외침에 대한 응답이 아니다. 그의 보혈은 용서와 화해 그리고 놀라운 하나님의 사랑을 보여 주신다.

성경에 가장 오래 산 인물은 므두셀라다. 그의 이름의 뜻을 보면 오래 참으시는 하나님의 놀라운 사랑이 숨겨져 있다. '므두셀라'라는 이름의 뜻은 '창을 던지는 자'이다. 고대사회에서 창을 던지는 사람을 용사라고 한다. 마을을 지키는 용사. 따라서 창을 던지는 사람이 죽는다는 것은 결국 그 마을에 종말이 온다는 것을 내포한다. 이 '므두셀라'라는 이름의 의미는 '그가 죽으면 심판이 온다.'라는 뜻이 있다.

> [21]에녹은 육십오 세에 므두셀라를 낳았고 [22]므두셀라를 낳은 후 삼백 년을 하나님과 동행하며 자녀들을 낳았으며 [23]그는 삼백육십오 세를 살았더라 (창 5:21-23)

에녹이 65세에 므두셀라를 낳고 그때 그의 신변에 엄청난 변화가 일어났다. 그 후 300년 동안 하나님과 동행하게 된다. 그는 하나님의 심판에 대한 메시지를 듣고 그의 삶을 온전히 하나님과 동행하기로 결단하게 된다.

므두셀라가 죽은 해에 홍수심판이 시작됐다. 므두셀라가 지구상에서 가장 오랜 산 인물이라는 것을 안다면 하나님께서 얼마나 오래 참으시고 기다리시는 분이라는 것을 알아야 한다.

'다시 오실 그 사랑'을 단순히 노래로만 부르는 것이 아니라 그 사실을 믿는다면 우리의 삶은 분명히 이전과 이후의 삶이 달라져야 한다. 오늘 밤에라도 오실지 모르기 때문에 에녹과 같이 달라져야 된다. 주님과 동행하는 삶을 살아야 한다. 이것이 에녹과 므두셀라의 삶이 우리에게 보여 주고 있는 메시지이다.

구약에는 놀라운 종말론이 기록되어 있지만 약속을 믿었던 에녹과 노아 그리고 므두셀라 등 여러 믿음의 선진들과 달리 그 외 사람들은 믿음이 없었다. 노아는 산꼭대기에서 배를 만들었기 때문에 미친 사람 취급받았다. 우리가 '예수 믿으면 구원받습니다. 오직 예수님만이 우리의 피난처 되시고 예수님만이 우리를 구원하십니다.'라고 말하는 것은 노아가 산꼭대기 위에 배를 지어놓고 '홍수가 올 것입니다.'라고 말하는 것과 똑같은 경우이다.

그러나 우리는 이 사실을 믿는다. 예수 그리스도께서 유일한 구원자이심을 믿는다. 이것이 믿어진다는 것은 기적이다. 스스로가 잘나서 믿는다고 생각하면 안 된다. 주님께서 우리를 택하신 것이다. 주님께서 우리를 은혜로 불러내신 것이다. 그 시대나 지금이나 주님은 똑같다고 말씀하신다. 그 시대는 노아의 가족 여덟 명 외에는 한 명도 회개하고 돌아오지 않았다. 홍수가 시작된 후 산 위에까지 올라와서 손으로 배를 붙잡아도 소용이 없다. 방주의 문은 굳게 닫혔다. 하나님께서 직접 방주의 문을 굳게 닫으셨다.

　예수님의 다시오심과 함께 심판이 시작되면 절대 멈추지 않을 것이다. 하나님의 심판이 완전히 성취될 때까지 멈추지 않을 것이다. 멈추지 않는 그 심판은 노아의 홍수 심판 때와 같이 임할 것이다. 지금 우리는 잠자고 있을 때가 아니다. 우리는 에녹과 같이 한순간도 흔들림 없는 300년의 동행에 동참해야 한다. 예수님께서 다시 오실 때까지 또는 개인이 죽는 순간까지 동행하는 그런 삶을 살아야 한다.

　예수님께서 이렇게 말씀하셨다.

> [26]내가 올 때에 세상은 노아의 시대와 같을 것입니다. [27]노아가 방주에 들어가던 날까지 그들은 하나님의 일에 대해서는 무관심하며 먹고 마시고 장가 들고 시집가고 하면서 모두 태평하게 살다가 홍수가 나자 다 멸망하고 말았다. [28]또 그때에는 롯의 시대에 있었던 일이 일어날 것입니다. 롯의 때에도 사람들은 매일 나가서 먹고 마시고, 사고팔고 농사 짓고 집을 지었다. [29]그러나 롯이 소돔을 떠나던 날 하늘에서 불과 유황이 쏟아져 내려와 그들은 다 멸망하고 말았다. [30]이처럼 내가 다시 올 때에도 사람들은 예나 마찬가지로 자기 일에만 분주하게 지내다가 멸망할 것입니다.
> (눅 17:26-30. 현대어성경)

　무관심하고 모두 태평했다. '장가들고 시집가고 하면서…'라는 것은 타락했다는 얘기가 아니라 일상생활을 말한다. 일상생활에 충실했다는 뜻이다. 현재 우리의 신앙생활을 가장 방해하고 있는 것은 일상생활이다. 세상은 더 분주해지고 우리를 더 바쁘게 만들지만, 일상생활이기 때문에 '난 당연히 이렇게 해야 먹고 삽니다.'라든지 '이렇게 하지 않으면 나는 먹고 살 수가 없습니다.'라고 말한다.

요즘 P.T.Physical Training를 받고 있는데 트레이닝 강사에게 어린이집 다니는 자녀가 있다고 한다. 그를 전도하기 위해서 운동 중에 계속 복음을 전했다. 그러나 그 강사는 교회에 나가는 것이 불가능하다고 말한다. 왜냐하면 주말에도 일하기 때문이란다. 주말에 아이 봐줄 사람이 없다. 장인어른, 장모님과 본가 부모님도 주말에 다 일하는 분들이고 본인 역시도 하루도 쉬는 날이 없이 오전에는 운동 가르치고, 점심 먹고 오후에는 7시간 동안 배달 일도 한다. 아내도 평일에 온종일 일하고, 주말에도 일하면서 생활을 유지해야 하므로 쉬는 날이 없어 교회 다니는 것은 불가능하다고 한다.

이렇게 열심히 사는 것에 대해서 뭐라고 말할 수는 없다. 그러나 성경은 자기 일에만 분주하게 지내다가 멸망할 것이라고 말한다. 멸망이 있기 전까지 먹고, 마시고, 장가들고, 시집가고 모두 태평하게 살았다. 다시 한번 말하지만, 일상생활을 말하는 것이다. 그러나 그러한 일상생활이 구원에 이르지 못하게 만든다. 이것은 아주 충격적인 일이다.

어느 날 갑자기 세상이 달라져서 우리에게 더 많은 시간이 주어지지는 않을 것이다. 지금보다 더 바빠질 것이고 지금보다 더 시간이 없어질 것이다. 지금 제대로 신앙생활 하지 못한다면 어떻게 더 나아지겠는가?

주님은 곧 오신다. 그때와 그 시를 알지 못하고 도적같이 오신다는 것을 안다면 우리에게는 에녹과 같은 인생의 전환점이 있어야 한다. 주님을 믿는 일에, 예수 그리스도와 동행하는 일에 이제는 전적으로 그것이 우선순위라는 것을 고백해야 한다. 하루 세끼 먹어야 할 것을 위해 그렇게 시간을 투자한다면 이제는 과감하게 한 끼를 줄이고 두 끼만 먹겠다고 결단하면서라도 예배를 택해야 한다. 예수님과 동행하기를 택해야 한다. 지금 우리가 신앙생활 하는 모습을 보면 아마도 사치라고 말할 것이다. 그러나 더욱 모이기에 힘써야 한다(히 10:25). 세상은 우리가 예배드리는 모습을 바라보며 분노하고 증오의 눈길을 보낼 것이다. 세상은 더더욱 그럴 것이고, 사치스럽게 보일 것이고, 헌금 뜯겨 먹히는 어리석은 사람들처럼 취급할 것이다.

유대인들도 완전히 눈이 가려져 있었다. 어둠의 영이 진리를 보지 못하게 만든 것이다. 영적 전쟁은 우리 삶 속에 지금도 벌어지고 있다. 진리의 복음을 듣지 못하고 생명의 빛을 보지 못하게 마귀들이 쉬지 않고 두루 다니면서 삼킬 자를 찾아다니고 있다. 잡혀서 먹히지 않으려면 잠들지 말아야 한다고 사도들은 가르쳐 주고 있다. 눈을 뜨자.

• 그 사랑에 담다.

마지막에 일어날 일들

> 난리와 난리 소문을 듣겠으나 너희는 삼가 두려워하지 말라 이런 일이 있어야 하되 아직 끝은 아니니라 (마 24:6)

A.D. 70년에 일어날 어마어마한 사건에 관한 기록이다. 예루살렘성전의 완벽한 파괴가 일어났다. 난리와 소문을 이제 보게 되었다. 그러나 아직은 끝이 아니었다. 그런 사건이 있을 것이지만 진짜 사건은 뒤에 있다. 예수님께서 오실 그 날은 뒤에 있을 것이다. 그러나 이런 일들이 지금도 역사 속에서 벌어지고 있다. 이 말씀은 시간차로 기록된 것이 아니다. 이것을 연대기적으로 보려고 해서는 안 된다.

> 민족이 민족을, 나라가 나라를 대적하여 일어나겠고 곳곳에 기근과 지진이 있으리니 (마 24:7)

오늘날 일어나고 있는 지진은 이미 과거에 있었다. 역사 속에서 계속해서 이런 일들이 있어 왔다. 그러나 아직은 끝이 아니다. 이것은 초림과 재림 사이에 반복적으로 일어날 일들이다. 이런 사건들은 마지막 때 일어날 예표들로 볼 수 있어야 한다.

지금 코로나19도 하나의 예표다. 우리를 깨우시는 주님의 메시지들이라는 것을 알아야 한다. 난리와 난리의 소문, 기근과 지진의 소문 등이 일어나고 있다. 실제로 이러한 일들이 앞으로 더 많이 일어날 것이다.

그 때에 사람들이 너희를 환난에 넘겨주겠으며 너희를 죽이리니 너희가 내 이름 때문에 모든 민족에게 미움을 받으리라
(마 24:9)

적대감이 일어나고 혐오감이 증폭되는 일들은 모든 시대에 나타나는 특징이다. 그렇기 때문에 우리는 이 상황들을 통해서 낙심하거나 절망하지 말아야 한다. 곧 오실 주님을 생각하며 더 깨어 있어야 한다.

그 때에 많은 사람이 실족하게 되어 서로 잡아 주고 서로 미워하겠으며 (마 24:10)

수많은 사람들이 배반하고 또 서로 고발하고 미움이 난무한다.

[11]거짓 선지자가 많이 일어나 많은 사람을 미혹하겠으며 [12]불법이 성하므로 많은 사람의 사랑이 식어지리라 (마 24:11-12)

인간성이 상실되는 그런 시대 가운데 살고 있다. 감정이 고장 난 사람들, 판단력이 고장 난 사람들이 더 많이 생길 것이다. 사랑이 식고, 서로 미워하고, 자식을 때려죽이고, 부모를 때려죽이는 등 상상을 초월하는 반인륜적인 사건들이 더 많이 일어날 것이다.

[13]그러나 끝까지 견디는 자는 구원을 얻으리라 [14]이 천국 복음이

모든 민족에게 증언되기 위하여 온 세상에 전파되리니 그제야 끝이 오리라 (마 24:13-14)

최후 승리와 영광의 면류관

믿는 자들에게 그날은 두려움의 때가 아니라 최후의 승리가 주어지는 그래서 승리의 면류관을 쓰게 되는 날이 될 것이다. 그것이 우리의 마지막이다. 따라서 두려워하지 말자. 낙심하지 말자. 더욱더 주님께서 주신 사명을 감당하기 위해서 오늘도 믿음의 허리를 동이고 열방 가운데 주님께서 찾으시는 마지막 한 사람을 위하여 끝까지 견디며 달려가자. 이렇게 마지막 때에 주어질 영광의 면류관을 믿음의 눈으로 바라보며 우리에게 주어진 영광의 사명이 있다는 것을 결코 잊지 말자.

[18]예수께서 나아와 말씀하여 이르시되 하늘과 땅의 모든 권세를 내게 주셨으니 [19]그러므로 너희는 가서 모든 민족을 제자로 삼아 아버지와 아들과 성령의 이름으로 세례를 베풀고 [20]내가 너희에게 분부한 모든 것을 가르쳐 지키게 하라 볼지어다 내가 세상 끝날까지 너희와 항상 함께 있으리라 하시니라 (마 28:18-19)

아무것도 하지 않으면서 승리를 말할 수 없다. 승리하기 위해서는 싸워야 한다. 전쟁을 선포해야 한다. 교회의 영적 전쟁의 궁극적인 목적은 한 사람의 영혼을 주님께로 돌아오게 하는 것이다. 우리의 영적 전쟁의 목적은 바로 한 영혼에 있다(단 12:13). 영혼을 주님께로 돌이키게 하는 자가 영광의 면류관을 받게 될 것이다.

다시 말해 우리의 영적 전쟁은 누군가에게 멋있게 보이려고 하는 것도, 은사를 자랑하려고 하는 것도 아니다. 그저 한 사람의 영혼에 있다. 그것이 영적 전쟁의 궁극적인 목적이고 교회가 전투하는 이유다. 그 한 사람의 영혼이 주님께 돌아올 때 주님의 나라가 확장되는 것이다. 주님의 나라가 임하는 것이다. 그 사실을 기억해야 한다.

> 그리고 여자는 하나님이 준비해 두신 광야의 한 곳으로 도망쳤는데, 그곳에서 천이백육십 일 동안, 보호받을 수 있게 하셨습니다. (계 12:6. 쉬운성경)

1,260일은 한 때와 두 때와 반 때, 즉 3년 6개월을 의미하지만 그것은 실제로 3년 6개월의 시간을 말하는 것이 아닌 상징적 의미이다.

> 그 여자가 큰 독수리의 두 날개를 받아 광야 자기 곳으로 날아가 거기서 그 뱀의 낯을 피하여 한 때와 두 때와 반 때를 양육 받으매 (계 12:14)

1,260일, 42개월, 3년 반은 예수님의 초림과 재림 사이를 말하는 상징적인 숫자다. 요점은 이 기간 안에 하나님께서 당신의 백성들을 돌보시고 지키신다는 것이다. '내가 세상 끝날까지 너희와 항상 함께하리

라.'라고 약속하신 것처럼 우리와 항상 함께하시겠다는 약속의 기간을 말씀하신다(마 28:20). 그것은 이 땅의 신부인 교회와 함께하신다는 것이다. 그래서 교회는 반드시 승리한다. 뒷백이 너무 든든하다.

장기판에서는 졸 하나만 더 남아도 승리한다. 이 세상은 커다란 하나님의 장기판과 같다. 차를 먹기 위해서 상을 하나 떼어 주고 마를 하나 떼어 주고 하는 것처럼 그러한 싸움들이 벌어지고 있지만 결국 주님의 나라는 승리한다. 교회는 무너지지 않는다.

> 그러나 우리나 혹은 하늘로부터 온 천사라도 우리가 너희에게 전한 복음 외에 다른 복음을 전하면 저주를 받을지어다 (갈 1:8)

하나님의 뜻과 하나님의 계획은 완벽하게 성취된다. 예수님께서 이 땅에 다시 오심으로 이 땅의 모든 교회는 영광의 면류관을 받는 승리자가 된다. 이러한 하나님 나라의 역사관을 가져야 한다. 이것이 건강한 종말관이다.

> 승리하는 자에게는 하나님의 성전 기둥이 되게 할 것입니다. 그는 결코 성전을 떠나지 않게 될 것입니다. 나는 그에게 하나님의 이름과 하늘로부터 내려올 새 예루살렘, 곧 하나님의 성 이름을 기록할 것입니다. 또한 나의 새 이름도 그에게 기록할 것입니다.
> (계 3:12. 쉬운성경)

빌라델비아 교회를 향한 메시지

빌라델비아에는 이교신전과 종교 행사가 많고 요한계시록 2~3장의 소아시아 일곱 교회가 위치한 지역 중 B.C. 159-138년의 가장 짧은 역사를 가지고 있음에도 불구하고 아시아가 이슬람교도들에 의해 짓밟힐 때까지 무려 1,300여 년을 견디며 끝까지 무너지지 않는 기독교의 최후 보루로써 신앙적인 면에서 가장 칭찬을 받은 교회가 있던 지역이다.

요한계시록 3장 8절에 보면 '…네가 작은 능력을 가지고서도 내 말을 지키며 내 이름을 배반하지 아니하였도다.'라는 말씀이 있다. 빌라델비아교회의 작은 능력이란 실제로 모든 면에서 작다는 것을 의미했다. 당시 인구 숫자가 약 1천~4천여 명 정도였으니 교회 역시 작았을 것이다. A.D. 17년과 23년에 대지진과 잦은 여진으로 살림살이도 없고, 사람들도 떠나고, 건물도 시설도 초라한 작은 교회였다. 그런데도 그들의 능력은 절대 작지 않았다. 오히려 언제든지 버리고, 언제든지 떠날 수 있는 준비를 하게 된 것이다.

위에서 말한 것처럼 일생에 이러한 사건들이 반복적으로 일어날 수 있다. 그러나 그런 사건들을 통해서 오히려 주님의 재림이 멀지 않았다는 것을 알고 등불에 기름을 채우고 깨어 있어야 한다.

빌라델비아교회는 고난과 핍박이 오면 올수록 더욱더 영적으로 긴장하고 깨어 있었다. 그들이 지키려고 했던 것들, 감싸 안으려고 했던 것들이 지진과 함께 무너지고, 깨지고, 다 사라질 때마다 그들은 하나님 앞에 갈 때 빈손 들고 가는 것이라는 마음의 준비를 하게 되었을 것

• 그 사랑에 담다.

이다. 그 당시 지진이 일어나면 이방 신전의 기둥은 다 무너지고 가게의 기둥도 다 무너졌지만 하나님의 교회는 무너지지 않았다. '승리하는 자에게는 하나님의 성전 기둥이 되게 할 것입니다. 그는 결코 성전을 떠나지 않게 될 것입니다…(계 3:12, 쉬운성경).'라는 주님의 메시지는 잦은 지진이 있었던 빌라델비아를 향한 큰 위로가 되었다. 이것은 요한계시록의 핵심 주제이기도 하다.

지진으로 집을 들락날락해야 하는 불안함이 사라지는 곳, 영원히 안전한 곳, 그곳이 바로 천국이다. 천국은 영원히 지진도 없고 성전 기둥도 무너지지 않는다. 가장 안전하며 그들의 모든 불안함이 다 사라지는 곳이다. 우리 신랑이 되신 주님께서 예비하시고 준비하신 처소는 바로 그런 곳이다. 가장 안전한 러브하우스이다. 한강이나 바다가 보이는 펜트하우스에서 살지 못해도 낙망하지 말자. 영원히 무너지지 않는 하나님의 나라를 소망하고 주님께서 우리를 위해 예비하신 처소를 믿음으로 바라보자.

그리고 날마다 이러한 소망 안에 살면 하나님께서 의의 도구로 분명히 쓰실 것이다. 각각의 부르심이 어떤 상황에 놓여 있다고 할지라도 타락하여 넘어지지 말고 깨어서 한 영혼을 향한 주님의 귀한 사명을 감당하는 예수 그리스도의 몸 된 교회가 되자.

> 죽음이라는 그 골짜기는
> 천국으로 들어가는 통로이다.
> 이 사망의 음침한 골짜기를 통해서
> 영원한 생명의 시작을 바라보며
> 어떤 해함도 두려워 하지 않는다.

Chapter 8

끊을 수 없는 그 사랑
_첫 번째 이야기

"³⁸내가 확신 하노니 사망이나 생명이나 천사들이나 권세자들이나 현재 일이나 장래 일이나 능력이나 ³⁹높음이나 깊음이나 다른 어떤 피조물이라도 우리를 우리 주 그리스도 예수 안에 있는 하나님의 사랑에서 끊을 수 없으리라 (아멘)" (롬 8:38-39)

로마서 8장 18절 이후에 처음으로 '내가 확신하노니…'라고 바울은 일인칭 시점으로 말한다. 기독교 교리의 논증이 아니라 철저히 자기 자신의 체험에서 나오는 이야기를 하고자 했다. 그래서 '내가 확신한다.'라고 말하고 있다. 그래서인지 더욱 그의 열정과 승리에 찬 간증적 선포를 우리가 듣고 있는 듯하다. 바울은 하나님 아버지의 사랑 앞에서 세상의 모든 권세는 무기력해지거나 부끄러움과 멸시를 받을 것이라고 말하고 싶었다.

> 많은 물도 이 사랑을 끄지 못하겠고 홍수라도 삼키지 못하나니 사람이 그의 온 가산을 다 주고 사랑과 바꾸려 할지라도 오히려 멸시를 받으리라 (아 8:7)

어느 누구도 감히 그 사랑의 불을 끌 수가 없을 것이다. 절대로 그 사랑을 끊을 자가 없다. 우리를 주님께서 택하셨고 놀라운 사랑으로 우리에게 쏟아부었기 때문에 그 사랑은 헛되지 않고 완벽하게 성취된 위대한 사랑이다. 같은 말씀을 현대어성경으로 보면,

> 이 맹렬한 사랑의 불을 그 어떤 물로 끌 수 있을까요? 홍수라 해서 그 사랑을 쓸어 갈 수 있을까요? 가지고 있는 온 재산 다 팔아 이 사랑 사겠다 나선다 해도 어느 누가 이 사랑 얻을 수 있을까요? 오히려 부끄러움만 살 뿐 멍청이란 소리밖에 더 들을까요? (아 8:7. 현대어성경)

마귀는 그 이름의 의미대로 '끊는 자 diablo'이지만 절대로 하나님 아버지의 사랑 앞에서 어리석고 미련한 자일 수밖에 없다.

• 그 사랑에 담다.

바울은 또한 '내가 확신한다.'라고 하면서 그 사랑을 끊으려는 세력들이 있다는 것을 말하고 있다. 그 첫 번째가 사망이다. 이 세상에서 인간의 가장 큰 적이 있다면 그것은 사망이다.

> 또 죽기를 무서워하므로 한평생 매여 종노릇 하는 모든 자들을 놓아 주려 하심이니 (히 2:15)

우리를 하나님의 사랑에서 끊으려고 위협하는 것들 가운데 가장 강력한 세력은 '사망'이다. 가장 위협적이면서도 사랑하는 사람들과 단절을 시켜 놓는 이 사망은 분리의 세력이다. 사람의 영혼을 몸으로부터 분리하고 구원받지 못한 사람들의 영혼을 하나님과 분리해 놓는다.

그러나 그리스도의 생명 안에 있는 아주 특별한 존재들은 죽음이 결코 마지막 단어가 아니라서 더는 위협적인 단어가 될 수 없다. 사망은 분명히 이 세상의 모든 것들을 분리해 놓지만 예수 그리스도 안에 있는 성도들은 그 사랑으로부터 결코 분리할 수 없다.

> 내가 사망의 음침한 골짜기로 다닐지라도 해를 두려워하지 않을 것은 주께서 나와 함께 하심이라 주의 지팡이와 막대기가 나를 안위하시나이다 (시 23:24)

이 말씀은 다윗의 노래이자 고백이다. 다윗은 자신의 목동 경험을 통해서 양들을 이끌 때 각종 맹수의 위협들 가운데에서 목숨을 걸고 그

양들을 지켜냈다. 때로는 양들이 곰에게 물려가고 사자에게 물려가면 그 주둥이를 벌려서라도 그 맹수의 입에서 양을 구출해내고 끝까지 책임지는 아주 용감하고 담대한 목동이 다윗이었다.

그런데 이제는 오히려 그 다윗이 '여호와가 나의 목자'라고 고백하고 있다. 사망의 음침한 어떤 위협적인 골짜기를 걸어간다고 할지라도 '나의 목자이신 하나님은 나를 지키시고 보호하실 것이다.'라고 고백하며 누구보다 확신에 차 있다.

다윗 자신도 분명히 여러 차례 죽음의 문턱에서 돌보심을 받으며 하나님은 강하시고 끝까지 책임을 다하시는 목자가 되심을 잘 아는 것도 당연하다. 죽음 앞에서도 이제 절대로 두려워하지 않을 그런 확신이다. 우리와 함께해 주시는 주님의 지팡이와 주님의 막대기가 우리를 안위하신다. 그 지팡이와 막대기는 탁월한 무기가 되어서 맹수의 공격으로부터 지켜내는 엄청난 하나님의 권위를 의미하는 말이다.

우리에게 죽음의 골짜기는 천국으로 들어가는 통로이다. 이 사망의 음침한 골짜기에서 영원한 생명의 시작을 바라보며 어떤 해로움을 당하는 것도 두려워하지 않는다. 사망 권세는 골고다, 해골 위에 꽂힌 십자가로 말미암아 그 머리통이 박살 났다.

> 그들이 예수를 맡으매 예수께서 자기의 십자가를 지시고 해골(히브리 말로 골고다)이라 하는 곳에 나가시니 (요 19:17)

> … 여자의 후손은 네 머리를 상하게 할 것이요 너는 그의 발꿈치를 상하게 할 것이니라 하시고 (창 3:15)

그리고 십자가와 부활은 우리의 삶과 늘 함께한다. 또한 십자가의 능력 안에는 부활의 능력이 있고, 부활의 능력 안에는 십자가의 능력이 있다.

> [54]이 썩을 것이 썩지 아니함을 입고 이 죽을 것이 죽지 아니함을 입을 때에는 사망을 삼키고 이기리라고 기록된 말씀이 이루어지리라 [55]사망아 너의 승리가 어디 있느냐 사망아 네가 쏘는 것이 어디 있느냐 [56]사망이 쏘는 것은 죄요 죄의 권능은 율법이라 [57]우리 주 예수 그리스도로 말미암아 우리에게 승리를 주시는 하나님께 감사하노니 (고전 15:54-57)

그리스도의 부활을 통해서 벌어진 일이다. 우리는 모두 죽는다. 그런데 죽을 것이 죽지 아니함을 입을 것이라는 놀라운 일들이 우리 삶 가운데 벌어진다. 우리는 다시 살았다. 그리스도와 함께 영원한 생명을 이미 입었다. 예수의 부활이 사망을 씹어 먹었다. 그러므로 이제는 죽음 앞에서 우리가 벌벌 떨 이유가 전혀 없다. 우리는 부활의 생명을 입었기 때문이다. 우리에게 사망이 다가오는 것은 불법이다. 우리는 죽으나 죽지 않는 그런 존재들로 새롭게 거듭났다. 그래서 더 이상 우리에게는 사망이 권세가 아니다. 다시 말하자면 우리의 믿음 앞에서 사망은 불법이다.

> 이제는 우리 구주 그리스도 예수의 나타나심으로 말미암아 나타났으니 그는 사망을 폐하시고 복음으로써 생명과 썩지 아니할 것을 드러내신지라 (딤후 1:10)

우리는 그 썩지 않는 영원한 것을 입는다. 오히려 사망을 통해서 모든 것들이 성취되는 것을 보게 될 것이다. 이전에는 이 사망에 눌려 사망의 노예로 살았으나 이제는 예수 그리스도로 말미암아 영원한 삶을 살게 된다.

> [15]우리가 주의 말씀으로 너희에게 이것을 말하노니 주께서 강림하실 때까지 우리 살아남아 있는 자도 자는 자보다 결코 앞서지 못하리라 [16]주께서 호령과 천사장의 소리와 하나님의 나팔 소리로 친히 하늘로부터 강림하시리니 그리스도 안에서 죽은 자들이 먼저 일어나고 [17]그 후에 우리 살아남은 자들도 그들과 함께 구름 속으로 끌어 올려 공중에서 주를 영접하게 하시리니 그리하여 우리가 항상 주와 함께 있으리라 (살전 4:15-17)

이 말씀은 예수님께서 재림하실 때까지 살아 있는 자들에 관한 이야기이다. 16절에 '죽은 자들이 먼저 일어나고.'라는 말씀은 그때까지 살아있는 자보다 그들이 먼저 미래의 부활에 참여할 것이라는 의미이다.

• 그 사랑에 담다.

이미 육신의 죽은 자들이다. 살아남아 끝까지 있다고 할지라도 먼저 죽은 사람보다 더 나을 것은 없다. 그러므로 먼저 죽었다고 해서 손해 볼 것도 없다. 먼저 죽은 사람들이 먼저 일어나고 먼저 부활하는 일이 있을 것이라는 말씀이다.

예수님의 재림을 보지 못하고 일찍 죽는 것이 억울하다 하지 말자. 왜냐하면 곧 일어날 것이기 때문이다. 우리 모두의 영혼은 하나님 앞으로 올려질 것이다. 그리고 예수님께서 이 땅에 다시 오실 때는 가장 아름답고, 가장 건강하고, 영원히 늙지 않는 새로운 형체로 변화되어 영원 속에서 천국을 누리게 될 것이다.

17절에 '그 후 죽은 자들이 먼저 일어나고.'란 말씀은 예수님 재림하실 때까지 끝까지 살아남은 자들도 그들과 공중에서 주님을 만나게 된다는 것이다. 우리는 사랑하는 주님과 가장 아름답고 가장 행복한 순간을 영원히 누리게 될 것이다. 생각만 해도 가슴이 터질 것만 같다. 예수님께서 다시 오실 때까지 죽지 않고 살아있는 자들도 먼저 죽은 자들보다 특별히 나을 것은 없다. 먼저 일어날 것이기에 성도는 죽음 앞에서 두려워할 필요가 없다.

성도들에게 죽는 순간은 약속이 성취되는 순간이며 주님 앞에 가장 큰 기쁨으로 달려가는 순간이 되어야 한다. 이와 같이 사망은 그리스도 예수 안에 있는 이들을 하나님의 사랑에서 끊어낼 수 없다. 다만 진정으로 죽음 앞에서 담대한 자들은 이 땅에서 살아 있을 때도 내 삶의 진정한 우선순위가 무엇인지를 잊지 말아야 한다.

'나는 천국 간다.'라고 말하면서 이 땅에서의 지상명령이 나랑 상관이 없다고 한다면 신앙이 불균형한 상태에 빠진 것이다. '내가 천국 간다.'라는 믿음의 고백이 있고 죽음 앞에서도 담대한 믿음이 있다면 우리는 마땅히 그 용기와 능력으로 지상명령을 감당해야 한다.

주님의 지상명령은 주님께서 승천하기 전에 제자들에게 마지막으로 명령하신 말씀이며 곧 우리에게 주신 명령이다.

> [23]오직 성령이 각 성에서 내게 증언하여 결박과 환난이 나를 기다린다 하시나 [24]내가 달려갈 길과 주 예수께 받은 사명 곧 하나님의 은혜의 복음을 증언하는 일을 마치려 함에는 나의 생명조차 조금도 귀한 것으로 여기지 아니하노라 (행 20:23-24)

그렇게 담대하게 죽겠다고 했다면 우리는 죽음 앞에서도 사명이 결코 흔들리면 안 된다. 사명 때문에 사는 것이다. 내가 하루 더 산다면 사명 때문에 주님께서 살려 주시는 것이다. 사명 감당하라고 살려 준 것이다. 마지막 한 명에게 복음을 전하라고 우리를 살려 주시는 것이다.

바울은 예루살렘으로 향한 길이 마지막 죽음이라 할지라도 담대하게 가겠다고 결심한다(행 20:24). 도망가지 않겠다는 것이다. 가는 길에서도 마지막 그 한 명이 누구이든지 복음을 전하겠다는 마음으로 선택한 길이다. 그의 발걸음으로 인해 실제로 많은 영혼이 예수를 영접하여 구원받는 놀라운 일들이 있었던 것처럼 한 명에게 복음을 증거하는 일이라면 내 앞에 죽음이 있다고 할지라도 나는 멈추지 않고 전진하겠다는 것이 주님의 지상명령에 대한 바울의 순종이었다.

내가 아는 곽○○ 목사님은 30대 중반에 필리핀 선교 지원 계획을 위해 현지를 방문했는데 그때 함께 가신 분이 담임 목사님 부부, 청년부 목사님 그리고 곽 목사님 부부 이렇게 5명이었다. 그런데 안타깝게도 현지에서 사고로 사망하는 사건이 있었다. 당시 곽 목사님이 섬기시던 교회의 중·고등부가 부흥해 학생 수가 수백명이 넘는 교회였다. 그 교회는 내가 처음으로 청소년부 수련회 주 강사로 가서 3일 동안 저녁 집회를 인도했던 교회였다. 곽 목사님이 나를 초청하면서 초청하는 이유에 대해서 이메일로 적어 보내주었는데 그때 그분과 주고받았던 이메일을 일부러 안 지우고 지금도 가끔 읽어 본다. 그 내용이 내게 도전과 감동이 되어서 지금 곽 목사님은 천국에 계신 것을 알지만 이메일을 쓰기도 했었다. '목사님, 사모님. 영광스러운 길을 가셨는데 저도 끝까지 생명 다해 충성하며 목사님이 먼저 가신 그 길을 저도 따라가기를 원합니다.' 눈물을 뚝뚝 흘리면서 이렇게 하늘로 보내는 이메일이었다. 그 이메일들은 지금도 보관하고 있다.

2012년 8월, 터키 이스탄불에서 고구마 세계선교사 재충전 수련회 둘째 날 저녁이었다. 청소년 기도팀 리더였던 초영이가 순교하기 30분전에 찍었던 사진들과 초영이의 부모님이신 선교사님 부부가 쓴 간증문을 종종 보곤 한다. 첫째 딸이 무슬림 20대 청년이 몰던 음주 차량에 치여 순교했음에도 현장에서 범인을 예수의 이름으로 용서했고 장례도 뒤로 미룬 채 끝까지 수련회를 참석하면서 쓴 간증문이다. 이 아이의 순교의 피는 그때부터 내 가슴에 뿌려졌고 나는 1회만 섬기려 했던 세계 선교사 재충전 수련회를 10년째 섬기고 있다.

먼저 그 영광의 나라에 임한 승리자들로 인하여 나에게 주신 사명을 늘 묵상하고 생각하면서 '당신들이 먼저 간 그 길을 따라가겠습니다. 어떤 어려움과 어떤 유혹과 환란이 와도 배반할 수 없는 명확한 증거들이 제 삶에 있습니다. 저보다 먼저 천국 간 선배들이 있어 나도 그 길을 따라가겠습니다. 끝까지 변함없이 충성하며 달려가겠습니다.'라고 고백한다.

우리의 몸속에는 예수 그리스도의 피가 흐르고 있음을 믿는다. 끝까지 충성하고 변질됨 없이 달려가는 이런 믿음으로 사명을 감당하기를 원한다. 그래서 정말 원하고 바라는 것은 내가 목사로서 죽어야 할 순간이 다가올 때 당당하게 갈 수 있기를 원한다. '주님, 나는 연약하지만, 지금도 겁쟁이 같아 보이고 엄살쟁이지만 내가 가야 할 그 순간이 왔을 때 당당하게 가게 해 주소서….'

나는 지금까지 여섯 번이나 죽을 고비를 넘긴 경험이 있다.
첫 번째는 어머니 뱃속에서다. 나를 임신하신 어머니가 하혈을 많이 해서 유산되었다고 생각하시고 유명한 한의원에서 애를 완전히 지워내는 첩약까지 지어 드셨다. 당시 아버지가 미군 부대에서 근무하셨는데 가져왔던 미제 회충약도 먹었기에 당연히 애가 죽었다고 생각했다. 그런데 계속 뱃속에서 꿈틀대는 무언가가 느껴져 인천성모병원에 가서 진찰하면서 이 상황을 다 얘기했더니 산부인과 의사들이 모두 모여서 회의하면서 '아~, 이거 어떻게 해야 하나.' 분명히 이 상황은 누가 봐도 심각한 문제가 있을 것이라고 논의했다. 그래서 누나들은 다 병원에서 낳았지만 나는 집에서 태어났다. 어머니는 이 아이는 100% 정상으로 태어날 수가 없다고 생각하셨다고 한다.

두 번째는 초등학교 2학년 때다. 엄마와 함께 목욕탕에 갔는데 거기서 같은 반 짝꿍을 만났다. 어린 나이에 짝꿍에게 뭔가 잘 보여야겠다는 마음에 탕 안으로 다이빙해서 첨벙 들어갔는데 발이 닿지 않았다. 욕탕의 땟물을 얼마나 마셨는지 허우적대고 있었는데 어머니가 아들이 보이지 않아서 주의를 둘러보다 탕 안을 보니 작은 궁둥이가 살짝 보이면서 허우적거리는 물체를 보고는 주저하지 않고 달려와서 꺼내주셔서 살았다. 어머니가 나를 기적적으로 꺼내주시지 않았다면 진짜 접싯물에 코 박고 죽는다는 말이 이런 것이구나를 경험했을 것이다. 그때 나는 물 밖으로 나와서 물을 뿜으면서 엉엉 울었던 기억이 있다. 나는 물에서 건져진 아이다.

세 번째는 중학교 2학년 때였다. 맹장이 터진 일이다. 충수염 진단을 받았는데 집에 돈이 없으니 그냥 내 생각으로 '의사가 뻥 친다.'라고 생각하고 병원은 안 가고 한 달 이상을 그냥 버티다가 결국은 맹장이 터져 복막염이 되어 응급실에 실려 갔다. 응급실에서 바로 수술실로 직행해서 7시간 대수술을 했다. 수술했는데도 배 속에 있는 고름을 다 짜내지 못해서 병실에서 수술 부위의 실밥을 자르고 수술 부위를 벌려 고름을 닦기 위해 거즈를 집어넣기도 했다. 고름은 퍼져 있고 그것을 다 짜내지 않으면 내장이 들러붙고 썩어들어 간다고 했다. 고름 때문에 구멍에 거즈를 넣다 뺐다를 반복했다. 중학교 2학년짜리가 뱃속에 붕대가 들어갔다 나갔다 하는 것을 보니 죽을 것 같았다. 아프기도 하고, 무서워서 죽을 것 같기도 하고 매일 아침저녁으로 와서 치료하는데 며칠 동안 고름이 안 나올 때까지 또 찢고, 넣다, 뺏다, 닦고를 반복했으니 이제 거의 다 없어진 줄 알았는데 의사가 '퇴원 후에도 아직 완전히 고름이 없어진 것이 아니니까, 통원 치료받아야 합니다.'라고 했다. 그런데 퇴원 후, 병원에 한 번도 안 갔다. 너무 아픈 기억에 갈 수가 없었다. 안 갔더니 거즈가 들락날락하며 벌어졌던 수술 부위가 그냥 그 상태로 딱 붙은 것이 아니라서 지금도 손가락으로 누르면 쑥쑥 들어간다.

네 번째는 그 이듬해, 중학교 3학년 때다. 친구들이랑 한탄강에 놀러 갔다. 물살이 센 상류 지역이었는데 친구들은 이미 반대편으로 헤엄쳐 건너 바위 위로 올라가서 날 보며 오라고 해서 '넘어가야지.' 하고 들어갔는데 갑자기 물살이 빠르게 느껴졌다. '아! 난 못 건너간다.'라고 느꼈지만, 발만 닿으면 다시 돌아가야지 생각하고 발을 땅에 놓으려고 하다가 푹 빠져 버렸다. 소용돌이치는 빠른 물살에 빠졌으니 벌어진 상황은 뻔했다. 빠른 물살에 수영도 못 하고 개헤엄만 계속 치다가 지쳐 결국 마지막 남은 힘을 가지고 잠수한 상태에서 '나는 더 이상 숨도 못 쉬겠고 버티지 못할 것 같다. 이젠 마지막이다.'라고 생각하고 발레리노처럼 다리를 쭉 뻗었는데 물이 바로 코밑 아래서 흘러갔다. 그때 만약 물이 내 코 위를 덮었다면 그냥 쓸려가는 거였다. 정말 1cm의 차이로 숨을 쉬면서 깨금발로 한 발 한 발 내디디면서 친구들이 있는 바위로 건너갔지만 물을 얼마나 많이 먹었는지 나중에는 밥도 못 먹고 토하기만 했다. 캠핑 기간 내내 친구들은 먹고, 놀고, 웃고, 즐기는 데 나는 완전히 죽은 거나 다름없는 사람처럼 며칠을 앓다가 돌아왔다. 죽음은 단 1cm를 이기지 못했고 그 사랑의 생명줄을 끊지 못했다.

그리고 나머지는 교통사고와 관련된 것인데 내 인생에 통합 6번이나 죽을 뻔했던 경험을 하면서 정말 '죽음의 때는 오직 하나님만이 정하신다.'라는 것을 알게 되었다. 죽지 않으려고 도망쳐도 죽을 때가 되면 죽을 것이고, 죽으려고 해도 죽을 때가 아니라면 살리라는 것을 나는 믿는다. 그러므로 생명과 모든 것을 내어 맡긴 자의 삶이 수치스럽게 도망갈 필요는 없다. 어차피 때가 왔다면 당당하게 맞닥뜨리고, 피하지 말고 그리스도 예수의 이름으로 맞아들이는 것이 아름답다.

한 번 더 고구마 전도 왕 김기동 목사님의 간증을 인용하자면 당시 담임목사님으로부터 전도특공대로 부름을 받은 이유가 '죽다 살아난 사람은 뭐든지 다 한다.'라는 담임목사님의 방침이 있었기 때문에 초신자로 미숙한데도 불구하고 기초 전도훈련을 받고, 노방전도를 따라다니고 거듭된 훈련을 받고 많은 영혼을 전도하여 전도 왕이 되었다고 한다. 죽다 살아난 사람은 무엇이든지 한다.

우리는 영적으로 이미 죽은 자들이었지만 예수 그리스도의 이름으로 다시 거듭난 사람들이다. 우리는 죽었다 살아난 것이다. 엄청난 은혜를 입었다. 우리는 영원한 죽음의 목전에서 예수 그리스도의 은혜로 다시 태어난 사람들이다.

마귀를 이기는 세 가지 무기 (계 12:11)

요한계시록에는 마귀를 이기는 세 가지 무기가 나온다. 첫 번째 '어린 양의 피'로 이길 수 있다. 두 번째 '자기들이 증언하는 말씀'으로써 이길 수 있다. 세 번째는 '그들은 죽기까지 자기들이 생명을 아끼지 아니함'의 정신으로 이길 수 있다고 했다. 특히 세 번째가 바로 에스더 4장 16절의 '죽으면 죽으리라.'의 정신이다. 이 정신이 예수 보혈의 십자가와 진리의 말씀과 함께 갈 때 성도는 100% 이기는 것이다.

하나님의 일을 방해하는 마귀를 이기는 강력한 무기인 이 세 가지로 무장하면 마귀는 벌벌 떨 수밖에 없다.

[33]그들은 믿음으로 나라들을 이기기도 하며 의를 행하기도 하며

약속을 받기도 하며 사자들의 입을 막기도 하며 ³⁴불의 세력을 멸하기도 하며 칼날을 피하기도 하며 연약한 가운데서 강하게 되기도 하며 전쟁에 용감하게 되어 이방 사람들의 진을 물리치기도 하며 ³⁵여자들은 자기의 죽은 자들을 부활로 받아들이기도 하며 또 어떤 이들은 더 좋은 부활을 얻고자 하여 심한 고문을 받되 구차히 풀려나기를 원하지 아니하였으며 ³⁶또 어떤 이들은 조롱과 채찍질뿐 아니라 결박과 옥에 갇히는 시련도 받았으며 ³⁷돌로 치는 것과 톱으로 켜는 것과 시험과 칼로 죽임을 당하고 양과 염소의 가죽을 입고 유리하여 궁핍과 환난과 학대를 받았으니 ³⁸이런 사람은 세상이 감당하지 못하느니라 (히 11:33-38)

세상을 지배하고 있는 악한 영은 이런 이들을 감당할 수 없다. 이런 이들은 '죽으면 죽으리라.'의 정신을 가진 사람들이다. 이렇게 죽임을 당했음에도 불구하고 그들은 굽히지 않았다. 바로 사망 권세를 예수님께서 이기셨기 때문이다. 그러므로 죽음은 이들에게도 더 이상 죽음이 아니다. 세상이 죽일 수 있는 권세를 가졌다 할지라도 죽음을 초월한 자들을 죽음으로 굴복시킬 수 없다. 그러나 여전히 우리가 죽음의 공포에 묶여 산다면 이런 승리를 알 수가 없을 뿐만 아니라 여전히 염려와 두려움 속에 살 수밖에 없다.

세상 사람들이 웰빙과 건강에 빠져있는 이유는 죽음이 두려워서다. 그러나 성도들이 건강을 지켜야 할 이유는 사명을 감당하기 위해서다.

어떠한 상황 가운데서도 사명을 감당하겠지만 더 잘 감당하기 위해서 몸과 마음이 건강하도록 성실하게 관리해야 한다.

아직도 우리에게 일어날 가장 심각한 날은 죽는 날이라고 생각할 수 있다. 그러나 예수 그리스도 안에서 다시 살아났다면, 우리의 믿음이 진짜라면 죽음에 대해 두려워할 필요가 없다. 예수님의 가르침을 보면 가장 심각한 것은 육체가 죽는 것이 아니라 죄 가운데 영혼이 죽는 것이다. 우리는 죄 가운데 죽을 일은 없다. 우리에게 사망은 불법이다. 우리는 세상에 속한 자들이 아니기 때문이다.

[23]예수께서 이르시되 너희는 아래에서 났고 나는 위에서 났으며 너희는 이 세상에 속하였고 나는 이 세상에 속하지 아니하였느니라 [24]그러므로 내가 너희에게 말하기를 너희가 너희 죄 가운데서 죽으리라 하였노라 너희가 만일 내가 그인 줄 믿지 아니하면 너희 죄 가운데서 죽으리라 (요 8:23-24)

우리는 죽음도 끊을 수 없는 그 사랑 안에 산다.

> 우리는 말씀을 배워야 한다.
> 왜냐하면 하나님을 아는 만큼 예배할 수 있기 때문이다.
> 모르는 신을 예배할 수 없다.
> 모르는 신을 예배하는 것은 그 자체로써 우상숭배다.
> 모르는 신을 예배하는 것은 기독교가 아니다.
> 기독교는 분명하게
> 살아계신 하나님을 예배하는 것이다.

Chapter 8

끊을 수 없는 그 사랑
_두 번째 이야기

"³⁸내가 확신하노니 사망이나 생명이나 천사들이나 권세자들이나 현재 일이나 장래 일이나 능력이나 ³⁹높음이나 깊음이나 다른 어떤 피조물이라도 우리를 우리 주 그리스도 예수 안에 있는 하나님의 사랑에서 끊을 수 없으리라" (롬 8:38-39)

보통 '생명'이라 하면 긍정적인 것을 의미하는데 바울은 생명도 끊을 수 없다고 이야기했다. 바울은 생명 또한 그리스도의 사랑에서 우리를 끊으려 하는 세력으로 보고 있다.

우리 주변에 사는 것을 극복하지 못해서 죽음을 택하는 사람들이 있다. 그러나 어떤 사람들에게는 사는 것이 죽는 것보다 더 어려울 수도 있다. 이것은 사는 것도 죽는 것 못지않게 우리를 그리스도의 사랑에서 끊을 수 있는 세력이 된다는 것이다. 사탄은 죽이는 것이 통하지 않으면 사는 것으로 시험하는 것 같다. '죽지 못해서 산다.'라고 말하는 사람들을 우리 주변에서 얼마든지 볼 수 있다.

그리스도인들에게 새 생명, 새로운 삶은 놀라운 축복이다. 살아있다는 것만으로도 기쁘고 순간순간 감격한다. 그러나 이 생명이 어떤 이들에게는 인생을 지독하게도 괴롭히기도 한다. 그래서 '죽지 못해서 산다.' '죽을 수만 있다면 죽는 것이 낫겠다'라고 생각하고 있지만 그것은 거짓이고 속고 있는 것이다. 천국을 보고 온 바울이 천국 병에 걸려 너무도 가고 싶어 했듯이 지옥을 보고 왔다면 절대 가려하지 않았을 것이다. 지옥에 간 부자의 비유처럼 말이다(눅 16:28).

이렇게 구원이 없는 자들에게 죽음이란 끔찍한 사건이다. 상상도 하기 싫은 최후의 결과가 그들을 기다리고 있다는 것을 모르기 때문에 당장 이 현실을 회피하고자 하는 마음뿐이다. 그러나 바울은 생명 또한 하나님의 사랑에서 끊을 수 없다고 말한다. 그리스도 안에, 그 놀라운 사랑 안에 있다면 그 또한 절대 끊을 수 없는 것이라고 선포하고 있다. 지금도 병원에는 상상할 수 없는 고통 가운데 있는 사람들이 있지만 믿음으로 그 생명이 얼마나 소중한지를 깨닫고 간증을 통해서 하나

• 그 사랑에 담다.

님께 드리는 아름다운 노래가 되고, 예배가 되고 있다.

영화 『교회 오빠』의 주인공 이관희 집사는 말기 암의 상상할 수 없는 고통 속에서 살아있는 모든 순간을 하나님께 감사하며 놀라운 간증을 하였고 그것이 모든 이에게 감동을 주었다. 그런데 그 영화를 기획하고 제작한 이들은 예수님을 안 믿는 사람들이었다고 한다. 마치 예수님의 사형을 진행하며 옆에서 '이는 정말 하나님의 아들이었다.'라고 고백했던 백부장처럼 믿지 않는 스텝들이 그 영화를 제작하면서 '이 사람은 정말 그리스도인이구나. 믿음이라는 것이 이런 거구나. 영원한 나라를 소망하고 갈망한다는 게 이것이구나.'라고 말했다고 한다. 죽음 앞에서도 담대하며 모든 순간순간의 삶을 소중하게 여기는 이 집사님의 모든 일거수일투족을 보면서 그들에게 생명의 소중함과 믿음에 대해서 많은 도전이 되었을 것이다.

우리가 잘 아는 이지선 자매는 교통사고로 온몸에 화상을 입었지만 전 세계를 누비며 하나님의 사랑을 간증하고 있다. 화상을 입은 후 외모의 아름다움을 잃어버린 그 자매는 훨씬 더 큰 아름다움을 내면에서 얻게 되었다. 이 자매에게 영원한 생명에 대한 소망이 없었다면, 예수 그리스도의 끊을 수 없는 사랑이 아니었다면 누구보다도 비참하고 괴로운 삶을 살았을 것이다. 그리고 차라리 죽는 것이 더 낫다고 생각했을 것이다. 그러나 자매는 생명의 소중함으로 예배하고 경배하는 아름다운 예배자로 살고 있다. 이 자매는 최고의 경배를 지금도 드리고 있으며 많은 영혼을 불 가운데서 건져내고 있다.

계속해서 바울이 나열하고 있는 끊는 세력 중에 '천사들이나 권세자들'있다. 에베소서 3장 10절과 6장 12절에 따르면 명백하게 이 권세자들은 귀신들을 의미한다. 그러나 선하든지 악하든지 그 어떤 영적 존재이든 간에 천상계와 창조계를 총망라한 어떤 영적인 존재들이라도 우리를 그리스도의 사랑에서 끊을 수 없다.

성경에 마귀, 귀신들로 의미하는 몇 가지 단어가 있지만 그중에 그 특성을 제일 잘 나타내는 단어가 헬라어로 'διάβολος 디아볼로스'이다. '끊는다. 끊어내는 자'라는 뜻이다. 바로 그리스도의 사랑에서, 생명에서, 구원에서, 영원한 소망 안에서, 우리의 믿음에서 끊어내려고 하는 세력들이 디아볼로스 곧 귀신들이다. 귀신은 분리하는 자들이다. 연합이 아니라 자꾸 끊어내고 분열시키는 그런 존재들이다.

> 통치자들과 권세들을 무력화하여 드러내어 구경거리로 삼으시고
> 십자가로 그들을 이기셨느니라 (골 2:15)

통치자들과 권세들을 무력화하여 드러내 구경거리로 삼으시고 십자가로 그들을 이기셨다. 우리의 과거는 이런 것들에게 짓눌려 살아왔다. 그러나 이제는 그런 것들에게 짓눌려 살 필요가 없다.

나의 어린 시절도 정말 끔찍했다. 자주 간증하는 이야기들이지만 꿈

만 꿨다 하면 가위눌림, 쫓기는 꿈, 맨날 손톱 빠지고, 이빨 빠지고, 맨날 높은 곳에서 떨어지고…. 무슨 죄책감에 시달리고 살았는지 공포와 두려움 속에 짓눌리며 살아왔다. 그리고 죽음의 공포나 내가 사랑하는 누군가의 죽음을 염려하는 두려움 속에 늘 짓눌려 살아왔다.

어린 시절부터 죽은 시신들을 보아왔다. 아버지의 이미 부패한 시신, 어머니와 새벽에 소라 잡는다고 바닷가에 나갔다가 물에 퉁퉁 불어 물고기에게 내장이 다 뜯긴 채 떠내려온 시신. 이 모든 경험은 분명히 나에게 큰 아픔과 상처 그리고 트라우마가 되었다. 이런 것들이 어린아이의 마음에 두려움으로 자리 잡아서 계속해서 내 인생을 오랫동안 괴롭혀왔던 것 같다. 그러나 이제 믿음으로 완벽하게 끊어내는 경험을 하게 되었다.

20대 중반쯤, 자정에 홀로 인천에 있는 유명한 만월산 공동묘지에 올라갔었다. 전도사가 그런 것들을 두려워하며 계속 공포에 휩싸였지만 그럴수록 '모든 이름 위에 뛰어나신 예수 이름을 선포하며 내가 두려워해야 할 대상은 오직 만유의 주재이신 예수님이다!'라고 외치며 더 깊고 어두운 곳을 향해 올라갔다. 거의 정상까지 올라가 산 전체를 내려다보는 데 올록볼록 솟아있는 무덤들이 그저 파란 잔디밭처럼 보이는 것이 아닌가! 그렇다. 이미 죽은 존재들을 내가 두려워할 필요가 없었다. 이제 그곳은 하늘의 문이요. 하나님의 집이었다. 경배와 찬양이 터져 나왔다. '주님의 높고 위대하심을 내 영혼이 찬양하네'

그렇게 한 시간 이상을 하나님께 경배하고 찬양하면서 이제 다시는 십자가 앞에서 패배한 그런 존재들이 나를 괴롭힐 수 없고 더 이상 나에게는 두려운 존재가 아니라는 것을 명확하게 알게 되었다. 그리고 마음이 평안해지자 누군지도 모르는 이의 무덤에 기대어 잠깐 졸다가 공동묘지를 내려왔다.

우리가 예배할 때 정말 크고 위대하신 하나님을 찬양하는 것이고 그 능하신 일들 앞에 우리는 믿음으로 반응하며 나아가는 것이다. 이것은 단순히 이론이 아니라 분명한 사실을 선포하는 것이다. 남이 하니까 따라 하는 것이 아니다. 앞에서 인도자가 골라놓은 노래니까, 앞 스크린에 가사가 있으니까 남의 노래하듯이 부르는 것이 아니다. 이것은 오직 나의 노래며, 나의 고백이며, 나의 선포이며, 나와 하나님과의 관계 속에서 부어지는 그 능력에 대해 반응하는 예배다.

예배는 분명히 어떤 대상을 향한 우리의 고백이다. 하나님과 소통하고 영과 영이 소통하는 것이다. 물론 모든 사람이 처음부터 성숙한 것은 아니기 때문에 예배가 무엇인지, 예배 가운데 나타나는 결과가 무엇인지, 하나님께서 왜 우리를 예배자로 부르셨는지 그리고 무엇보다 예배자만이 예배할 수 있다는 사실을 배워야 한다. 또한 예배 그 자체가 복음이고, 그 자체가 우리를 창조하신 하나님의 목적이며, 우리가 살아있는 한 영원토록 하나님께 드려야 할 위대하고 영광스러운 예배 가운데 내가 부름을 받았다는 것을 깨닫고 하나님께 영광의 찬송으로 살아가야 한다.

우리는 말씀을 배워야 한다. 왜냐하면 하나님을 아는 만큼 예배할 수 있기 때문이다. 모르는 신을 예배할 수는 없다. 모르는 신을 예배하는 것은 그 자체로써 우상숭배다. 모르는 신을 예배하는 것은 기독교가 아니다. 기독교는 분명하게 살아계신 하나님께 예배한다.

> ¹여호와 우리 주여 주의 이름이 온 땅에 어찌 그리 아름다운지요 주의 영광이 하늘을 덮었나이다 ²주의 대적으로 말미암아 어린 아이들과 젖먹이들의 입으로 권능을 세우심이여 이는 원수들과 보복자들을 잠잠하게 하려 하심이니이다 (시 8:1-2)

'원수들과 보복자들, 통치자들과 권세들, 천사들이나 권세자들이나' 이는 다 같은 맥락이다. 그런데 그 원수들과 보복자들을 잠잠하게 하는 것은 어린아이들과 젖먹이들의 입으로 세우신 '권능'이라는 것이다. 여기서 권능이라는 단어에 주목해야 할 필요가 있다. 히브리어 'עֹז'라는 단어가 사용되었다. '힘, 권능, 압도적인 하나님의 능력, 하나님의 힘' 이것이 'עֹז'이다.

예수님께서도 이 구절을 인용하셨다.

> 예수께 말하되 그들이 하는 말을 듣느냐 예수께서 이르시되 그렇다 어린 아기와 젖먹이들의 입에서 나오는 찬미를 온전하게 하셨나이다 함을 너희가 읽어 본 일이 없느냐 하시고 (마 21:16)

유대인들이 지금 예수님께 시비를 걸고 있는 상황이다. 회중들이 '호산나, 이제 구원하소서. 속히 구원하소서.'라고 외친 것에 대해서 '지금 당신이 이런 찬양을 받고 있는데 왜 가만히 있습니까? 당신이 메시아라는 겁니까? 당신이 하나님이라는 말입니까? 왜 가만히 있습니까? 지금 저들이 구원하소서 하는데 당신이 우리를 구원할 수 있습니까?'라고 따지는 사람들에게 예수님께서 대답하신 말씀이다.

시편에서는 어린아이들과 젖먹이들의 입으로 '권능'을 세우셨다고 했는데 예수님께서는 '권능'을 '찬미'로 해석하셔서 인용하신 것이다. 우리 주님은 성경의 저자이시다. 그런데 그분이 권능을 찬미로 바꾸셨다는 것은 우리의 예배가 권능이며 우리의 믿음의 선포가 원수와 보복자를 잠잠케 한다는 뜻이다. 그러므로 우리가 찬양할 때 어둠의 영들은 두려워 떨고 우리가 예배하고 믿음으로 찬양과 경배를 선포할 때 원수의 모든 결박이 풀어지고 하나님의 나라가 임재하는 것을 경험하게 된다.

우리 교회는 특별히 신유 집회를 하지 않는다. 그러나 예배 가운데, 찬양하는 가운데, 말씀을 듣는 가운데 병이 치유되고, 어둠의 영들이 떠나가고, 자유가 임하고, 기쁨이 임하는 이유는 찬양하는 우리 입술에 그런 권능이 있기 때문이다. 원수들과 보복자들이 역사하지 못한다. 그래서 예수님께서 '어린 아기와 젖먹이들의 입에서 나오는 찬미를 온전케 하셨다 함을 너희가 읽어본 일이 없느냐.'라고 하신 것이다.

• 그 사랑에 담다.

"주의 나라 주의 권세 찬양 중에 임하네

모든 원수 굴복하네 주의 임재 앞에

주의 나라 주의 권세 찬양 중에 임하네

모든 원수 굴복하네 내가 춤을 출 때"

_주님의 임재 앞에서, 박희정 사•곡

현재 일과 장래 일도 우리를 그리스도의 사랑에서 절대로 끊을 수 없다. 시간과 세월도 성도의 위대한 믿음 앞에서는 무력해질 수밖에 없다. 현재 일도 앞으로 세월 속에서 일어날 모든 사건과 모든 환경 그리고 미래의 어떤 일도 우리를 그리스도의 사랑에서 끊을 수 없다. 부정적으로 예측하면서 불안과 두려움에 살지 말자. 가장 안전하고 가장 평안한 삶을 살 수 있는 자격이 우리에게 있다.

나의 평안은 너희에게 주노라 (요 14:27)

인생의 모든 시간과 상황을 누가 통치하고 다스리는가?
요셉의 위대한 고백 가운데 현재 일도, 장래 일도 끊을 수 없는 그 놀라운 사랑을 살펴보자.

[19]요셉이 그들에게 이르되 두려워하지 마소서 내가 하나님을 대신하리이까 [20]당신들은 나를 해하려 하였으나 하나님은 그것을

> 선으로 바꾸사 오늘과 같이 많은 백성의 생명을 구원하게 하시려 하셨나니 (창 50:19-20)

요셉은 험난한 고통과 고난 그리고 억울함을 모두 당했다. 그런데 그는 '당신들은 나를 해하려 하였으나 하나님이 선으로 바꿔주셨다.'라고 고백한다. 이것은 로마서 8장에 동일하게 나오는 고백이다. '과거에 그렇게 하셨고 현재도 그렇게 하실 것이고 미래에도 그렇게 하실 것을 나는 믿는다.' 요셉은 단단히 맹세하여 이르기를 하나님께서 반드시 찾아오셔서 가나안 땅으로 옮겨갈 때 자기의 유골을 꼭 챙겨가 달라고 부탁했다. 그 백성이 430년 동안의 노예 생활을 끝내고 모세와 함께 홍해를 건널 때 요셉의 유골이 약속의 땅으로 가게 되었다(출 13:19).

이것이 주는 의미는 하나님의 약속은 반드시 이루어진다는 것이다. 절대 끊을 수 없는 사랑은 땅속에 뼈로 묻혔음에도 불구하고 부활의 능력으로 되살아나는 것이다. 이것은 죽음도 끊을 수 없는 신실한 하나님의 사랑을 보여 주고 있다. 그래서 우리는 죽어도 안 죽는 것이고 살아도 영원히 죽지 않을 그런 부활의 씨앗을 품고 있는 자들이다.

> 사람이 감당할 시험 밖에는 너희가 당한 것이 없나니 오직 하나님은 미쁘사 너희가 감당하지 못할 시험 당함을 허락하지 아니하시고 시험 당할 즈음에 또한 피할 길을 내사 너희로 능히 감당하게 하시느니라 (고전 10:13)

지금 아주 심각한 시험 가운데 있다면 그 시험으로 인해서 그리스도의 사랑이 끊어질 수 있다고 생각하면 안 된다. 아무리 큰 시험이 다가온다고 할지라도, 상상할 수도 없는 엄청난 시험을 당한다고 할지라도 그것은 하나님의 사랑에서 끊어지는 시험이 아니고 우리가 감당할 수 있기 때문에 허락된 것이다.

일반 병사가 받는 훈련과 장교가 받는 훈련은 같지 않다. 장교 훈련을 이등병들이 감당할 수 없다. 그 수준이 다르다. 영적으로 성장하면 어려운 훈련이 없으리라 생각할 수 있는데 성장하면 성장하는 대로 그 영적인 압력을 견뎌내기 위해서 더 강도 높은 훈련을 받는다. 점점 더 산소가 부족한 고지로 올라갈 때마다 계속해서 적응하고 살 수 있다.

우리는 지금 그런 적응의 과정을 밟고 있다. 하나님께서는 우리가 더 성장하도록 훈련하신다. 더는 할 수 없다고 때려치우고 가버리면 더 큰 사명을 감당할 수가 없게 된다. 당당하게 마주하고 절대로 감당할 수 있는 시험만 주시는 분이라는 신뢰와 믿음이 필요하다.

> ⁵너는 마음을 다하여 여호와를 신뢰하고 네 명철을 의지하지 말라 ⁶너는 범사에 그를 인정하라 그리하면 네 길을 지도하시리라
> (잠 3:5-6)

아무리 뛰어난 인간의 지식과 지혜라 할지라도 풍부한 경험과 연륜일지라도 그것을 자꾸 절대화해서는 안 된다. 또한 나의 미성숙한 생

각으로 무언가를 규정지으려 해서도 안 된다. 그것은 믿음 안에서 일어날 가능성을 제한시키는 교만이다. 나의 인생의 주인은 하나님이시기 때문이다. 모든 상황 속에서 하나님을 인정하고 의지하자. 반드시 그가 가장 선한 길로 이끄실 것이다.

5만 번의 기도 응답을 인생의 목표로 삼지 말자. 저자인 죠지 뮬러 George Müller는 위대한 믿음의 거장이다. 그 책은 5만 번의 기도 응답에 목적을 두고 쓴 책이 아니다. 하나님 아버지와의 관계를 말하고자 하는 책이다.

5만 번 기도 응답받는 것에 목표를 두는 것은 하나님의 손을 바라보는 것이다. 우리 집에 있는 강아지는 내 얼굴은 안 보고 뭐 먹을 거 없나 하고 내 손만 본다. 그 손에 목표를 두지 말자. 우리가 바라봐야 할 것은 하나님의 얼굴이다. 그것은 아버지와 나와의 관계를 의미하는 것이다. 그 하나님의 얼굴에 목표를 두고 살다 보면 하나님의 손은 우리를 뜻하신 곳으로 인도하시고 이끌어 가실 것이다.

이제 '능력'에 대해 살펴보자.

> 힘과 슬기가 그분에게 있고, 속는 자나 속이는 자나 모두 그분의 능력 아래 있네. (욥 12:16. 쉬운성경)

지금까지 말했던 세력들을 한마디로 말한다면 '하늘 아래 능력들'이다. 우리를 그리스도 안에 있는 하나님의 사랑에서 끊으려고 분리하려고 하는 능력들 그리고 그 능력들은 우리를 사랑으로 지키시는 하늘 위 하나님 능력 아래 있는 존재들임을 우리가 명확하게 알아야 한다.

우린 땅에 속한 자들이 아니라 하늘로부터 다시 태어난 존재들이기 때문에 하늘에 속한 자들이다. 땅에 속한 세상 임금의 지배와 통치를 받지 않는다. 이 땅에 시민권이 없다. 땅이 아닌 하늘의 시민권을 가진 사람들이다. 한국의 시민권을 가지고 있는 자들이 미국 법에 따라서 심판받을 필요가 없는 것처럼 우리는 하늘의 시민이다. 그러므로 이 땅의 어떤 능력이 우리를 두려움과 어둠의 세력 가운데 자꾸 괴롭히려고 한다면 그것은 불법이라는 것을 분명히 선포해야 한다.

> [30]예수께서 네 이름이 무엇이냐 물으신즉 이르되 군대라 하니 이는 많은 귀신이 들렸음이라 [31]무저갱으로 들어가라 하지 마시기를 간구하더니 [32]마침 그 곳에 많은 돼지 떼가 산에서 먹고 있는지라 귀신들이 그 돼지에게로 들어가게 허락하심을 간구하니 이에 허락하시니 [33]귀신들이 그 사람에게서 나와 돼지에게로 들어가니 그 떼가 비탈로 내리달아 호수에 들어가 몰사하거늘
> (눅 8:30-33)

예수님께서 거라사 땅에 들어가셔서 군대 귀신 들린 사람을 만나셨다. 이 귀신들은 자기 정체를 잘 알고 있었다. 심지어 자기들의 운명도 잘 아는 듯했다. 무저갱이라는 것은 마귀들을 가둬두기 위해 하나님께

서 만들어 두신 곳이다(마 25:41). 귀신들이 '무저갱에 들어가라 하지 마소서.'라는 그 간구에 예수님께서 응답하지 않으셨다. 귀신들의 간구에 응답하실 필요가 없다. 32절에 '마침 그곳에 많은 돼지 떼가 산에서 먹고 있는지라.'라고 했다. 율법에서 돼지 떼는 불법을 의미하며 내리막길은 죽음의 길이다. 비탈길, 내리막길인 그곳은 'שׁאוֹל 스올'이다. 죽은 자의 영들이 있는 곳, 죽음을 의미하고 심판을 의미하는 곳이다.

귀신은 죽은 사람의 혼령이 아니다. 성경에 '유령'이라는 단어가 있다고 할지라도 그것은 떠돌아다니는 혼령을 말하는 것이 아니고 죽은 자들이 거하는 장소를 의미한다. 그래서 '죽은 사람들의 영'이라고 번역하지 않고 스올이라고 번역한다. 이 스올, 무저갱으로 가는 길은 내리막길이다. 비탈길로 내려 달리는 길이다. 이 비탈길, 내려 달려가는 길의 특징은 멈출 수가 없다. 비탈길로 내리달려서 호수에 들어가 몰사했다는 것은 무저갱의 심판, 즉 죽음으로 떨어졌다는 것이다. 이것이 마귀를 멸하시러 이 땅에 오신 예수 그리스도의 정체성을 보여 주고 있는 매우 중요한 본문이다(요일 3:8).

그다음으로 나오는 '높음이나, 깊음이나'를 살펴보자.

일반적인 해석으로는 'ὕψωμα 휩소마, 높음', 'βάθος 바도스, 깊음'로 기록돼 있다. 이는 어떤 귀신의 세력을 동원한 영적인 세력, 즉 저주의 세력을 의미한다. 이 세상에서 말하는 영적 세력들의 저주, 어떤 저주도 우리를 하나님의 사랑에서 결코 끊어낼 수 없다.

> 까닭 없는 저주는 참새가 떠도는 것과 제비가 날아가는 것 같이 이루어지지 아니하느니라 (잠 26:2)

운명인 것처럼 다가오는 원수의 거짓이 있다. 때로 어떤 이들은 '나는 저주받았나 봐.'라며 너무나 쉽게 말한다. 그러나 우리는 믿음으로 선언할 수 있어야 한다. 어떤 저주도 우리를 그리스도의 사랑에서 끊을 수가 없다. 자신의 인생에 저주가 흐르고 있는 것처럼 느껴지는가? 어린 시절 어떤 영적 존재에게 저주받았는가? 예수 그리스도 안에서 모든 저주는 끊어졌다. 그러한 높음이나 깊음이 우리를 사망으로 끌고 갈 수 없다.

> [16]우리가 기도하는 곳에 가다가 점치는 귀신 들린 여종 하나를 만나니 점으로 그 주인들에게 큰 이익을 주는 자라 [17]그가 바울과 우리를 따라와 소리 질러 이르되 이 사람들은 지극히 높은 하나님의 종으로서 구원의 길을 너희에게 전하는 자라 하며 [18]이같이 여러 날을 하는지라 바울이 심히 괴로워하여 돌이켜 그 귀신에게 이르되 예수 그리스도의 이름으로 내가 네게 명하노니 그에게서 나오라 하니 귀신이 즉시 나오니라 (행 16:16-18)

이것이 바울에게만 있는 권세가 아니라 모든 그리스도인에게 주신 권세다. 예수 그리스도는 바울만의 그리스도가 아니다. 예수님께서는 여전히 살아계시고 우리 모두에게 역사하신다. 예수 그리스도 이름의 권세는 책 속에만 묻혀 있는 권세가 아니다. 다른 이의 간증에만 있는 능력이 아니다. 예수 그리스도의 이름을 선포하는 내 입술에도 주신 권세다. '모든 이름 위에 뛰어난 이름, 예수는 주!'라고 선포할 때 모든 악령과 저주의 권세는 물러간다. 그 권세가 우리에게 있다.

마지막으로 '다른 아무 피조물이라도'를 살펴보면,

> 몸은 죽여도 영혼은 능히 죽이지 못하는 자들을 두려워하지 말고 오직 몸과 영혼을 능히 지옥에 멸하실 수 있는 이를 두려워하라
> (마 10:28)

아무리 이 땅의 어떤 권세가 우리를 죽인다고 할지라도 두려워하지 말아야 할 것은 그 권세가 우리의 영혼까지는 멸할 수 없다는 것이다.

성도의 죽음은 하나님께 영광이며 경건한 자의 죽음은 절대 실패가 아니다. 몸은 죽을 수 있으나 망하거나 실패가 아니다.

이미 설명했듯이 죽음을 통하여 영혼과 육체가 분리되고 우리의 육체는 잠깐은 땅에 묻히게 된다. 그러나 주님께서 다시 오실 때 '그리스도 안에서 죽은 자들의 부활이 먼저다.'(살전 4:16)라고 말한 것처럼 주님 재림 때까지 살아있더라도 '먼저 죽은 자들보다 앞설 수 없다.'라고 바울이 말하고 있다. 그러니 먼저 죽은 자들도 실패한 것이 아니다. 위대한 영광의 순간을 지금 기다리고 있다.

어떤 분들은 부활해야 하니까 절대 화장하면 안 된다고 말하지만 그

것은 주님의 능력을 제한하는 것이다. 우리 주님은 흙으로 우리를 지으신 분이시다. 아무리 우리의 죽은 육체가 여기저기 뿌려진들 우리의 육체는 썩지 않을 몸으로 부활하게 된다. 창조주 하나님을 제한하지 말라.

믿음으로 얻은 구원은 절대로 사라질 수 없다는 말인가?

구원론의 문제 때문에 한국 교회가 갈라질 지경이다. 우리는 한번 구원받으면 잃어버릴 수 없다는 칼뱅주의, 개혁주의 믿음 안에서 배웠고 그렇게 신앙 생활했는데 최근에 '믿음으로만 구원받는다.'라고 강조해서 기독교가 타락했다고 이야기한다. 예수님을 영접했다고 말은 하면서 삶으로는 책임지지 못하는 그런 타락한 기독교가 탄생했다는 것이다. 그러면서 우리의 구원과 믿음은 잃어버릴 수도 있으니까 너무 구원을 쉽게 가르치지 말라고 한다. 성경에 우리의 믿음과 구원이 잃어버릴 수도 있는 것처럼 보여지는 부분이 분명히 있지만 절대로 끊을 수 없는 것이 우리를 향하신 하나님의 사랑이라고 확신하며 선포하고 있다.

> [3]하나님께서 허락하시면 우리가 이것을 하리라 [4]한 번 빛을 받고 하늘의 은사를 맛보고 성령에 참여한 바 되고 [5]하나님의 선한 말씀과 내세의 능력을 맛보고도 [6]타락한 자들은 다시 새롭게 하여 회개하게 할 수 없나니 이는 그들이 하나님의 아들을 다시 십자

가에 못 박아 드러내 놓고 욕되게 함이라 (히 6:3-6)

이 본문을 보면 '어? 구원을 잃어버릴 수도 있다는 얘기 아닌가?'라는 생각이 들 수도 있다. '모든 것을 맛보고도 타락한 자들은 다시 새롭게 하여 회개할 수 없나니….' 그런데 여기서 동사 '타락한'은 헬라어 'παραπίπτω파라핖토'라는 단어로 쓰였는데 신약 성경에는 이곳 히브리서에 단 한 번 등장한다.

이 단어는 '돌아올 수 없는 강을 건넌 상태'를 말한다. 그러나 우리는 하나님 앞에 용서받지 못할 죄는 없다는 것을 잘 안다. '용서받지 못할 죄는 없다.'라는 것은 성령으로 인한 회개이다. 가짜 회개가 아닌 진짜 회개를 말하는 것이다. 그런데 '회개하여 돌아올 수 없다.'라고 이야기한다. 이것은 분명히 어떤 죄인도 진정으로 회개하면 주님은 그 회개를 받으신다는 뜻이다. 회개하는데 하나님께서 그 입을 틀어막고 '너, 회개하지 마. 너, 회개해도 안 받을 것이다. 그러니 하지 마!'라는 이런 의미가 아니고 그들은 '회개를 할 수 있는 상태'가 아니라는 것이며 더나아가 적극적으로 성령을 훼방하고 있는 상태를 말하는 것이다.

교회 안에서 사람들이 하늘의 은사를 맛보고 성령에 참여한 바 되었다는 뜻은 선한 말씀과 내세의 능력을 맛보았다는 것이며 교회에서 가장 좋은 것들을 다 경험했다는 것이다. 그런데 교회 안에서 참됨을 경험했음에도 그리스도를 떠났다는 것이다. 교회에서 누구 못된 사람을 만나고 잘못된 사람, 엉터리 같은 목사와 교회를 만나서 시험 들고 나

• 그 사랑에 담다.

갔다는 것이 아니라 예수님으로부터 직접 훈련받고 사랑을 경험한 가룟 유다 같은 상태를 말한다. 회개하여 돌아오지 못하는 상태, 가룟 유다와 같은 그런 상태를 말하는 것이다. 가룟 유다는 원래 구원받았고 원래 그리스도인이었는데 그렇게 된 것이 아니다. 그래서 예수님께서 차라리 태어나지 않았으면 좋았을 것이라고 말씀하셨다(마 26:24). 즉 그 안에 회개할 마음이 없다는 것을 주님은 이미 아셨다. 이집트의 바로처럼 그의 마음을 하나님께서 강퍅하게 하신 것이 아니고 바로가 스스로 강퍅하게 한 것에 대해서 하나님께서 그대로 내버려 두셨다는 의미다. 바로는 자신의 코앞에서 하나님의 기적과 능력을 다 체험했다.

> 양은 그 오른편에 염소는 왼편에 두리라 (마 25:33)

마지막 때 이렇게 갈라지는 일들이 벌어질 것이다. 양이 염소가 되었다는 것이 아니라 그들은 처음부터 염소였다는 것을 말씀하고 있다.

> 그들이 우리에게서 나갔으나 우리에게 속하지 아니하였나니 만일 우리에게 속하였더라면 우리와 함께 거하였으려니와 그들이 나간 것은 다 우리에게 속하지 아니함을 나타내려 함이니라
> (요일 2:19)

교회 공동체에서 떠난 사람들 소위 배교자들, 배반자들이 있다. 원래 그들이 진짜였다면 떠나지 않았을 것이다. 그러니 그들이 스스로 떠나

간 것으로 인해서 자기들이 원래 진짜가 아니었다는 것을 그들의 선택으로 증명했다는 것을 의미한다. '그들이 우리에게서 나갔으나 다 우리에게 속하지 아니함을 나타내려 하심이라.'라는 말씀이 너무나 명확하게 보여 준다.

> 시몬 베드로가 대답하되 주여 영생의 말씀이 주께 있사오니 우리가 누구에게로 가오리이까 (요 6:68)

진정한 구원을 받았다면 떠날 수가 없다. 돌아온 탕자도, 죄인 세리도, 창녀도 구원하시는 분이 우리 예수님이시다. 돌아온 탕자는 여전히 탕자가 아니다. 세리도 여전히 세리가 아니다. 창녀도 여전히 창녀가 아니다. 변화되지 않고 회개의 열매도 없으면서 구원받았다고 말하지 말라. 이신칭의 교리를 그렇게 가볍게 가르친 적이 없다.

믿음은 히브리어로 'אֱמוּנָה에무나', 헬라어로는 'πίστις피스티스'이며 '신실성, 확신, 충성'의 뜻을 가지고 있다. 즉 믿음이란 단어는 그저 감성적인 단어가 아니라 적극적인 행동이 담겨 있는 단어다. 특실 '신실성'과 '충성'은 끝까지 가야 신실이고 충성이다. 끝까지 가야만 알 수 있다. 결국 로마서의 믿음의 관점과 야고보서의 믿음의 관점은 동일하다. 오직 우리는 믿음으로 살고 믿음으로 구원받는다. 이렇게 바울이 확신하는 'πειθώ페이도: 피스티스의 어근' 이유는 그것이 '믿음피스티스'이기 때문이며 우리를 향하신 하나님의 '신실하심'이기 때문이다.

• 그 사랑에 담다.

죽는 그 순간에 회개하고 돌아오는 영혼이 있다. 그래서 우리는 누가 구원받는지 누가 구원 못 받는지에 대해서 단정 지을 수는 없다. 그것은 인간의 영역이 아니라 하나님의 영역이다. 그래도 어느 정도 우리가 추정할 수 있는 것은 진정한 회개, 변화된 삶, 계속해서 거룩함으로 나아가고자 하는 인생의 방향성성화을 가지고 있느냐는 것이다.

우리는 모두 부족하고 연약하다. 어제도 죄를 짓고 오늘도 죄를 짓는다. 하지만 지금, 이 순간 진정으로 회개한 마음으로 나의 한계를 느끼며(롬 7:24) 주님 아니면 살 수 없는 존재라는 것을 처절하게 인식하고 주님께로 돌아갈 마음이 있는지를 냉정하게 되돌아봐야 한다. 그렇다면 그 어떤 것도 끊을 수 없는 것이 아버지의 사랑이라는 것을 깨닫게 될 것이다.

> 우리가 알거니와 하나님을 사랑하는 자 곧 그의 뜻대로 부르심을 입은 자들에게는 모든 것이 합력하여 선을 이루느니라 (롬 8:28)

하나님께서는 우리에게 감당치 못할 시험당함을 허락하지 않으신다. 지금 어떤 어려움과 죽을 지경에 이르렀다 할지라도 죽음의 터널 같은 사망의 음침한 골짜기라 할지라도 주님은 우리와 함께하실 것이다. 이 모든 것들은 선을 이루게 될 것이고 우리는 반드시 하나님의 큰 영광을 보며 승리의 면류관을 받게 될 것이다.

'죽음도, 생명도, 천사도, 하늘의 어떤 권세도, 현재 일도, 장래 일도,

높음이나, 깊음이나, 다른 어떤 피조물이라도 우리를 그리스도의 사랑에서 끊을 수 없음'을 믿으라.

끊을 수 없는 그 사랑이 여전히 어렵게 느껴지는 이유는 구원의 시제를 이해하지 못했기 때문이다. 이 부분에 대해서는 마틴 로이드 존스David Martyn Lloyd-Jones의 정리가 중요하다. 그는 성경에는 구원의 시제가 3가지로 표현되고 있다고 설명한다. _마틴 로이드 존스 「로마서 강해」 제2권, 1978, 기독교문서선교회)

첫째 구원의 과거 시제 : 나는 구원받았다.
둘째 구원의 현재 시제 : 나는 구원받아야 한다.
마지막으로 구원의 미래 시제 : 나는 구원받을 것이다.

너무나도 명확한 정리다. 성경은 그렇게 세 가지로 다 표현하기에 어렵게 느껴졌다.

정리하자면 '나는 분명 예수 안에서 오직 믿음으로, 오직 은혜로, 이미 구원받았으며'(중생) 그렇다면 '나는 오늘도 전신갑주를 입고 믿음의 선한 싸움을 싸우며 구원받기 위해 푯대를 향해 전진해야 하며'(성화) '나는 주님이 다시 오실 때 영원한 승리의 면류관을 쓰게 될 것이다.'(영화) 한 마디로 '나는 예수 안에서 구원받았습니다.'라고 말할 때는 이러한 세 가지 시제를 다 포함한 고백이다.

• 그 사랑에 담다.

그래서 그 사랑은 절대 끊을 수 없는 사랑이다. 끊어지는 것은 '그 사랑'이 아니고 '썩은 동아줄'이다. 교회 다니면서 예수님을 믿은 것이 아니고 끊어질 수밖에 없는 대상 즉, 사람, 물질, 종교, 기복주의, 신비주의, 이념, 사상, 치유되지 못한 자아 등의 썩은 동아줄을 붙들고 교회 생활했기에 결국 끊어진 것이다.

우리의 믿음의 대상은 절대 끊어지지 않는 오직 예수,
오직 복음이어야 한다!

우리 아들 새힘이가 어린이집에 다닐 때였다. 주일 아침, "새힘아, 일어나서 교회 가야지!" 지난밤에 늦게 잤는지 짜증 내며 힘들어한다. 나는 한 번 더 "빨리 일어나서 예배드리러 교회 가야지! 하나님 기다리신다!" 여전히 짜증 내며 우리 아들 하는 말이 "에잇, 아빠! 근데 하나님 맨날 안 와!!!"

뒤통수를 한 대 맞은 느낌이었다. 너무나 정직한 표현이었기에 그렇다. 우리가 매주 드리는 예배 가운데 진짜 하나님을 만나서 그 기쁨과 감격을 경험하고 집으로 돌아가는 성도들은 얼마나 될까? 하나님은 영이시다. 눈에 보이지 않는다. 어린아이의 눈으로는 말이다. 그래서 반드시 거듭나야 한다. 거듭난다는 것은 하늘로부터 다시 태어난다는 뜻이다.

예수님께서 이렇게 말씀하셨다. '내가 영의 일을 말하여도 너희가 믿지 아니하거든 하물며 하늘의 일을 말하면 어떻게 믿겠느냐.'(요 3:12) 복음은 하늘의 일이다. 거듭나지 않으면 안 보이고 안 들린다. 그러나 어느 날 갑자기 '아버지 사랑 내가 노래해. 아버지 은혜 내가 노래해. 그 사랑 변함없으신…' 찬양을 부르다가 가슴이 뜨거워져서 눈물이 나고 그 사랑이 믿어진다면 당신은 그 순간 다시 태어났음을 인식하기를

• 그 사랑에 담다.

바란다.

보이지 않는 하나님의 영이 당신에게 생명의 입맞춤을 하신 것이다 (요 20:22). 그 순간 복음의 씨가, 생명의 씨가 뿌려진 것이다. 마태복음 13장에 씨 뿌리는 비유가 나온다. 비유는 헬라어로 'παραβολή파라볼레, 옆에 두다'라는 뜻인데 사실 숨기는 것보다는 뜻을 더 명확하게 하거나 드러내는 것이 목적이다. 그러나 교만한 종교인들과 진리에 전혀 관심 없는 자들에게는 '비밀'이 된다. 이 복음이 아직도 세상에 수많은 사람들에게는 안타깝게도 비밀이다.

예수님께서는 씨가 뿌려진 네 개의 밭을 설명하시는데 밭은 세상이자 사람의 마음이고, 씨는 곧 복음이며, 생명을 의미한다고 말씀하셨다.

첫째, 길가에 뿌려진 씨앗이다. 뿌리도 못 내리고 원수 마귀가 와서 빼앗아 갈 것이다. 복음을 처음부터 거부하는 사람들이다.

둘째, 돌밭에 뿌려진 씨앗이다. 복음을 받는다. 심지어 기쁨으로 받는다. 예배도 참석하고 설교도 즐겁게 듣는다. 그런데 듣고 싶은 것만 기쁘게 듣는다. 듣기 싫으면 마음의 귀를 막아 버리거나 마음의 채널을 돌려 버린다. 그리고 인생에 바람이 살짝만 불어도 뿌리가 없어 날아가 버린다. 지금도 이 교회, 저 교회, 오래 못 버티고 자기를 인정해 주는 교회만 찾아다닐 것이다. 중요한 것은 그들은 뿌리도 열매도 없다는 것이다.

셋째, 가시떨기에 뿌려진 씨앗이다. 사실 이 밭 때문에 구원론에 많은 혼란이 온다. 왜냐하면 말씀도 잘 듣고 심지어 뿌리도 내린다. 그리고 성장도 한다. 그러나 언젠가 세상의 염려와 재물의 유혹, 탐욕과 정욕 등으로 끝까지 충성하지 못한다. 그런데 좋은 씨와 교묘하게 섞여 있다. 그러나 잠재적으로 떠날 사람들이다. 대부분 신앙생활을 잘하는 듯 보이지만, 결국 열매 맺지 못함으로 드러날 것이다.

한 가지 중요한 것은 이 부류의 사람 중에는 예수님이 오실 때까지 드러나지 않을 수도 있다. 예수님께서 비유를 해석해 주시면서 이렇게 말씀하셨다.

> [29]주인이 이르되 가만두라 가라지를 뽑다가 곡식까지 뽑을까 염려하노라 [30]둘 다 추수 때까지 함께 자라게 두라 추수 때에 내가 추수꾼들에게 말하기를 가라지는 먼저 거두어 불사르게 단으로 묶고 곡식은 모아 내 곳간에 넣으라 하리라 (마 13:29-30)

그러나 최후의 심판대는 피할 수 없을 것이다. 이런 자들은 이미 말한 바와 같이 받은 구원이 사라진 것이 아니다. 처음부터 시작도 안 했다.

마지막으로 좋은 땅에 뿌려진 씨앗은 바로 복음을 받고 생명의 열매를 맺는다. 이 사람은 구원받았고, 구원받으며, 구원받을 것이다. 자라는 도중에는 환난이 와서 휘청대고 넘어지기도 하지만, 감당치 못할 시험당함을 허락하지 않으시는 주님을 믿음으로 다시 일어설 것이다. 모래 위가 아닌 반석 위에 세운 집이 되어 언제나 정직하고 겸손하게 순종하며 포도나무 되신 예수님께 딱 붙어서 온전히 동행하며 끝까지 충성할 것이다.

영원히 끊을 수 없는 그 사랑을 확신하기에….

그 사랑에 담다

초판 1쇄 발행 2021년 11월 20일

지 은 이   _박희정
펴 낸 이   _김한수
편   집   _박민선
표지그림   _한상윤

펴낸곳 • 한국NCD미디어
등 록 • 과천 제2016-000009호
주 소 • 경기도 과천시 문원청계2길50 로고스센터 205호
전 화 • 02-3012-0520
이메일 • ncdkorea@hanmail.net
홈주소 • www.ncdkorea.net

Copyright©한국NCD미디어2021
Printed in Seoul, Korea

ISBN 979-11-91609-08-0

• 이 책은 한국NCD미디어가 저작권자와의 계약에 따라 발행한 것이므로
  본사의 협의없는 무단전재와 무단복제를 엄격히 금합니다.
• 잘못 만들어진 책은 구입처에서 교환해드립니다.

값 16,500원